U0566254

程砚秋自述

程砚秋 著

泰山出版社 · 济南 ·

图书在版编目（CIP）数据

程砚秋自述 / 程砚秋著. -- 济南：泰山出版社，2022.12

ISBN 978-7-5519-0645-6

Ⅰ. ①程…　Ⅱ. ①程…　Ⅲ. ①程砚秋（1904—1958）- 自传　Ⅳ. ① K825.78

中国版本图书馆CIP数据核字（2022）第169251号

CHENGYANQIU ZISHU

程砚秋自述

责任编辑　池　骋
装帧设计　路渊源

出版发行　泰山出版社
社　　址　济南市泺源大街2号　邮编　250014
电　　话　综　合　部（0531）82023579　82022566
出版业务部（0531）82025510　82020455
网　　址　www.tscbs.com
电子信箱　tscbs@sohu.com
印　　刷　山东新华印务有限公司
成品尺寸　150 mm × 230 mm　16开
印　　张　11.5
字　　数　145千字
版　　次　2022年12月第1版
印　　次　2022年12月第1次印刷
标准书号　ISBN 978-7-5519-0645-6
定　　价　39.00元

凡　例

一、本书收录了作者的相关经典文章或片段，主要展现了作者的学术历程或情感操守等。

二、将所选文章改为简体横排，以适应当代的阅读习惯。所选文章尽量依照原作，以保持文章的时代原貌，有些地方参照当下最新的整理成果进行了适当修改。

三、所选文章没有标题或者标题重复的，编辑时另行拟加或改拟。个别文章为相近内容之汇辑，另拟新题。

四、对有些当时使用的文字，如“的”“地”“得”“化钱”“记帐”等，均一仍其旧。

目录

001 检阅我自己

008 我的学艺经过

017 我之戏剧观

021 谈非程式的艺术

026 论戏曲表演的“四功五法”及“艺病”问题的提纲

029 演戏须知

036 艺术经验讲解

039 谈歌唱的技术

047 舞蹈与歌唱问题

055 程砚秋赴欧考察戏曲音乐报告书

087 西北戏曲访问小记

093 从青岛到帕米尔

133 关于全国戏曲音乐调查工作报告书

158 西南之行记

161 西南纪行

检阅我自己

自己检阅自己，很有兴趣，又很必要。因为在检阅的当儿，发见了自己以前的幼稚、盲昧，不觉哑然失笑，其兴趣有类乎研究人猿头骨。发见了以前的幼稚盲昧，才能决定今后的改弦更张，这是自己督促自己进步，所以又很必要。

我的职业是演戏，我检阅我自己，当然是以我的职业为范围。

近十年来演戏的趋势，和十年以前不相同了。以前，剧本是原来公有的，大家因袭师承去演唱，很少有“本店自造”的私有剧本，不能挂“只此一家”的独占招牌。近十年来可不是这样了，只要是争得着大轴的主角的人，便有他个人的剧本。这也许是私产制度下的社会现象之一吧？我也自然被转入这个漩涧。

现在我把我的私有剧本，列为一表，然后再加以检阅：

剧　名　出世年月（括弧内注为编者所加）

梨花记　壬戌二月（一九二二年二月定本，一九二三年五月重订，将三十三场删定为二十三场）

花舫缘　壬戌六月（一九二二年六月定本，共十八场，一九二三年五月十二日、十三日首演于北平华乐园）

红拂传　癸亥二月（一九二三年三月十日、十一日首演于华乐，该新剧实于一九二二年十月改定）

玉镜台　癸亥四月（一九二三年六月九日、十日首演于华乐，又名《花筵赚》）

风流棒　癸亥八月（完成于壬戌十月，即一九二二年冬，一九二三年八月十八日、十九日首演于华乐）

鸳鸯冢　癸亥十一月（总本写于六月，一九二三年七月十四日、十五日，首演于华乐）

赚文娟　甲子一月（癸亥十二月定本，一九二四年四月五日、六日首演于三庆园）

玉狮坠　甲子三月（罗瘿公病后支撑编制，共十八场，又名《小天台》，一九二四年五月三日首演于三庆园）

青霜剑　甲子五月（定本著于四月，一九二四年六月二十八日，旧历五月廿七首演于三庆园）

金锁记　甲子六月（定本于三月十六，一九二四年四月十三日首演于三庆园）

碧玉簪　甲子十一月（一九二四年十二月十四日首演于三庆，罗公未及完成由金仲荪继之编定）

聂隐娘　乙丑八月（一九二五年九月）

梅　妃　乙丑十月（一九二五年十一月）

沈云英　乙丑十一月（一九二五年十二月，丙寅四月十八，一九二六年五月二十九日首演于华乐）

文姬归汉　丙寅二月（乙丑六月，一九二六年七月定总本）

斟情记　丙寅六月（一九二六年七月定本，一九二七年一月

十五日首演于华乐）

朱痕记　丁卯二月（一九二七年三月，丁卯三月廿九，一九二七年四月三十日首演于华乐）

荒山泪　庚午十一月（一九三〇年十二月定本，庚午十二月初八［一九三一年一月二十六日］首演于中和戏院）

春闺梦　辛未八月（正月定本，一九三一年九月首演于中和，甲戌九月［一九三四年十月］重订，十月二十五日新排此剧）

内中或取材于经史传说百家之书，或撷采于野史说部附会之言，又或依据旧有剧本翻新而增损之，创作的部分多，因袭的部分少。从《梨花记》到《金锁记》的作者是罗瘿公先生，从《碧玉簪》到《春闺梦》的作者是金悔庐先生。时代驱策着罗金二位先生，环境要求着罗金二位先生。罗金二位先生就指示着我，于是有这些剧本出现于艺林，于是有这些戏曲出现于舞台。（除上述十九种外，还有《柳迎春》《陈丽卿》《小周后》等几种。《柳迎春》的创作部分较少，《陈丽卿》还只完成一部分，《小周后》则始终没上演，所以都不列入表中。）

《梨花记》写骆（惜春）小姐对于张幼谦的爱情极其真挚，不为物质环境所屈服，这样宣告买卖婚姻制度的死刑，是其优点；但结局是不脱“洞房花烛夜，金榜挂名时”的老套。

《红拂传》写张凌华离叛贵族（杨素）而趋就平民（李靖），有革命的倾向，是其优点；但是浮露着英雄思想，有类乎法国大革命后拿破仑所主演的政治剧。

《花舫缘》和《玉镜台》都是描写士人阶级欺骗妇女的可

恶，《风流棒》是对主张多妻的士人加以惩罚（棒打）。这三剧是一贯的，可以说《花舫缘》和《玉镜台》是问题，《风流棒》是答案；但都跳不出才子佳人的窠臼。在积重难返的社会里，受着生活的鞭策，你不迁就一点是不行的；当时的我是在“不知不识，顺帝之则”的状态中，而罗先生的高尚思想之受环境压抑，就不知有多么痛苦！

罗先生写过《梨花记》至《风流棒》这五个剧本之后，他曾经不顾一切地写了一个《鸳鸯冢》，向“不告而娶”的禁例作猛烈的攻击，尽量暴露了父母包办婚姻的弱点，结果就完成一个伟大的性爱的悲剧。当时观众的批评，未曾像对于《红拂传》和《花舫缘》那样褒扬。我尤其浅薄，总以为这个剧远不如《风流棒》那样有趣。罗先生为求减少我的生活危机，宁肯牺牲他的高尚思想，于是他又迁就环境，写了一个《赚文娟》和一个《玉狮坠》。

士人主张多妻，太太难免喝醋，因此士人除在“七出之条”里规定“妒者出”之外，更极力鼓吹太太不喝醋的美德。《赚文娟》和《玉狮坠》就是为迎合士人的心理而写的。这两个剧本，在罗先生是最感苦痛的违心之作，在我则当时满意得几乎要发狂；我是何等幼稚啊！何等盲昧啊！现在我渐渐觉悟了，然而为顾虑我的生活而不惜以他的思想去迁就环境的罗先生却早已弃我而长逝了！

罗先生写过《赚文娟》和《玉狮坠》，立刻又写《青霜剑》和《金锁记》。《青霜剑》写一个烈女，《金锁记》写一个孝妇，这都不乖于士人的心理。但罗先生的解释不是如此的，他写

《青霜剑》，是写一个弱者以“鱼死网破”的精神来反抗土豪劣绅；他写《金锁记》，是以“人定胜天”的人生哲学来打破宿命论。这两个剧，又不与环境冲突，又能抒发他的高尚思想，这是他最胜利的作品，也就是他的绝笔！

金先生继续了罗先生最后的胜利，作剧总以“不与环境冲突，又能抒发高尚思想”为原则；从《碧玉簪》到《文姬归汉》，五个剧都是如此，《碧玉簪》是金先生的处女作，却又是构造艺术最成熟的作品。至于他的主义，据有位署名“道”的先生在本年八月二十五日的《北平新报》上说：“贤妻只是一种非人的生活，良母只是一种不人道的心理，这是《碧玉簪》告诉我们的。”虽然见仁见智，也许各有不同，但这个剧总是有向上精神的。聂隐娘自己做主嫁给一个没有半点英雄气概的磨镜郎，是给《红拂传》一个答复，我相信罗先生在地下也十分满意了！《梅妃》楼东一赋，还珠一吟，多妻制度的罪状便全部宣布了，是给了《赚文娟》和《玉狮坠》一个答复，我相信罗先生在地下更十二分满意了！《沈云英》在男性中心的社会里抬起头来，使她上头的君父，对面的敌人，与常常在她手边摆“男子汉大丈夫”的架子的丈夫，都形成不如她，这是有力地给了女权论一个论据，《文姬归汉》是很显然的一个民族主义剧；文姬哭昭君，尤其对软弱外交的和亲政策痛加抨击。这五个剧，与《青霜剑》和《金锁记》有同样价值，都是现时中国社会的不苦口而又利于病的良药。

《斟情记》仅仅是个奇情剧而已，《朱痕记》不过是删除了旧有神话，这两个剧的人生要求比较稀微，但她还是不肯向下。

从《斟情记》和《朱痕记》到《荒山泪》和《春闺梦》，犹之乎从平阳路上突然转入于壁立千丈的山峰，现在一个思想急转势。这种转变，有三个原因：（一）欧洲大战以后，“非战”声浪一天天高涨；中国自革命以来，经过二十年若断若续的内战，“和平”调子也一天天唱出。这是战神的狰狞面目暴露以后，人们残余在血泊中的一丝气息嚷出来的声音。戏曲是人生最真确的反映，所以它必然要成为这种声音的传达。（二）在革命高潮之中，在战神淫威之下，人们思想上起了一个急剧的变化；现在的观众已经有了对于戏曲的新要求，他们以前崇拜战胜攻克的英雄，于今则变而欢迎慈眉善眼的爱神了。（三）金先生是一个从政潮中警醒而退出来的人，他早已看清楚武力搏击之有百弊而无一利，死去的罗先生也是如此。我先后受了罗金二位先生的思想的熏陶，也就逐渐在增加对于非战的同情。加上近年来我对于国际政情和民族出路比较得到一点认识，颇有把我的整个生命献给和平之神的决心，所以金先生也更乐于教我。因此，《荒山泪》和《春闺梦》就出世了。

《荒山泪》似乎是诅咒苛捐杂税，其实苛捐杂税只是战争的产儿，所以这个剧实是非战的。《春闺梦》取材于唐人陈陶的两句诗：“可怜无定河边骨，犹是春闺梦里人！”再插入杜工部的《新婚别》《兵车行》……各篇的意思，这很明显的是从多方面描写出战争“寡人妻，孤人子，独人父母”的罪恶。我的个人剧本，历来只讨论的社会问题，到此则具体地提出政治主张来了，所以到此就形成一个思想急转势。

我相信将来的舞台，必有非战戏曲的领域，而且现在它已经走到台上去了。我的生命必须整个地献给和平之神，以副观众的期望，以副罗、金二位先生先后给予我的训示。只是我的技术不成熟，前途还期待着社会力量的督促，使我能够“任重致远”！这是我检阅自己之后的新生期望。

我想写一篇《二十年之回顾》，这算是一个初稿。

（《北平新报》，一九三一年十二月四日、十一日）

我的学艺经过

我三岁的时候，父亲故去了，家里的生活是每况愈下，全靠着母亲辛勤的操劳维持我们全家的生活。我六岁那年，经人介绍投入荣蝶仙先生门下学艺，写了七年的字据（字据上注明七年满期后还要帮师傅一年，这就是八年，开始这一年还不能计算在内，实际上是九年的合同；在这几年之内，学生一切的衣食住由先生负责，唱戏收入的包银戏份则应归先生使用，这是当时戏班里收徒弟的制度）。

在我投师之前，我母亲曾不断地和我商量，问我愿意不愿意去？受得了受不了戏班里的苦？我想我们既不是梨园世家，人家能收咱们就不错，况且家里生活那样的困难，出去一个人，就减轻母亲一个负担，于是我毅然地答应了。

还记得母亲送我去的那天，她再三地嘱咐我："说话要谨慎，不要占人家的便宜，尤其是钱财上，更不许占便宜。"这几句话，我一生都牢牢地记着，遵循着她的遗教去做！

荣先生看见我以后，认为这个小孩不错，当时就想收留我，这时我母亲就像送病人上医院动手术一样签了那张字据，从那天起，我就算正式开始拜师学艺了。

我拜师后的头一天，就开始练起功来，从基本功练起，当时先生还不能肯定将来会把我培养成一个什么样的人才，只好叫我先和一些“试班”的学生一起练练功，开始从撕腿练起。

初学戏的人练撕腿，的确是一件很痛苦的事，练习的时候，把身子坐在地上，背靠着墙，面向外，把腿伸直撕开，磕膝盖绷平，两腿用花盆顶住，姿势摆好后，就开始耗起来。刚练习的时候，耗十分钟，将花盆向后移动，第二天就增加到十五分，以后递增到二十分、三十分，练到两条腿与墙一般齐，身子和腿成为一条直线，才算成功。开始练的时候，把腿伸平不许弯曲，到不了几分钟，腿就麻了，感到很难支持。与练撕腿的同时，还要练下腰、压腰。这种功，乍练起来也不好受，练的时候要把身子向后仰，什么时候练得手能扶着脚后跟，才算成功。练下腰最忌讳的是吃完东西练。学戏的练功，全是一清早带着星星就得起来练，不论三伏三九，全是一样。有时候早晨饿得难受，偷着吃点东西再练，但是当一练下腰的时候，先生用手一扶，就会把刚才吃的东西全吐出来，这样就要受到先生的责罚。先生常说：吃了东西一下腰，肠子会断的。

当我把这两项功夫练得稍稍有些功底时，先生又给我加了功，教给我练习较大的一些功夫了。练虎跳、小翻、抢背等功课。起初，一天搞得腰酸腿痛，特别是几种功课接连着练习；冬天在冰冷的土地上，摔过来，翻过去，一冻就是两三个钟头，虽然练得身上发了汗，可是当一停下来，简直是冷得难受极了。

将近一年的光景，一般的腰腿功差不多全练习到了，我还和武生教员丁永利先生学了一出《挑滑车》。

这时候荣先生准备让我向旦行发展，他请来了陈桐云先生教我学花旦戏。那时候花旦戏是要看跷功的，所以先生又给我绑起跷来练习。绑上跷走路，和平常走道，简直是两回事，的确有“步履维艰”的感觉。开始练的时候，每天早晨练站功五分钟，十分钟，后来时间逐渐增加了，甚至一天也不许拿下来。练完站功后也不许摘下跷来休息，要整天绑着跷给先生家里做事，像扫地、扫院子、打水等体力劳动的工作，并不能因为绑着跷就减少了这些活。记得那时候徐兰沅先生常去荣先生家串门，他总看见我绑跷在干活。荣先生的脾气很厉害，你干活稍微慢一些，就会挨他的打。

荣先生对我练跷功，看得非常严，他总怕我绑着跷的时候偷懒，把腿弯起来，所以他想出个绝招来，用两头部削尖了的竹筷子扎在我的膝弯（腿洼子）上，你一弯腿筷子尖就扎你一下，这一来我只好老老实实的绷直了腿，毫无办法。这虽等于受酷刑一样，可是日子长了，自然也就习惯了，功夫也就出来了。

一边练习着跷功，一边和陈桐云先生学了三出戏，一出《打樱桃》，一出《打杠子》，一出《铁弓缘》。这时候荣先生又加上教我头本《虹霓关》中的打武把子。打武把子最讲究姿势的美，在练习的时候，就要求全身松弛，膀子抬起，这样拿着刀枪的两只手，必须手腕与肘灵活，才能显着好看。我在练习的时候因为心情紧张怕挨打，起初两只膀子总是抬不起来，为了这样的确没少挨荣先生的打啊。

在这一年多的学习过程里，我把一般的基本功，差不多全能掌握了。花旦戏也学会了几出。这时先生虽然对我的功课还满意，但对我的嗓子有没有希望，还不能肯定。荣先生又请来了陈啸云先生教了我一出《彩楼配》。那时候学戏不过是口传心授，先生怎样念，学生就跟着怎样念，先生怎样唱，学生就跟着怎样唱。日子不多，我学完一段西皮二六板后，先生给我上胡琴调调嗓子。经过这一次试验，陈先生认为我的嗓子太有希望了：唱花旦太可惜，改学青衣吧。从此我就开始学青衣戏。先学《彩楼配》，以后又学了《宇宙锋》，后来陆续学到《别宫祭江》《祭塔》等戏。

唱青衣戏，就要学习青衣的身段，先生教授的时候，只不过指出怎样站地方，扯四门，出绣房，进花园等。每日要单练习走脚步。走步法的时候，手要捂着肚子，用脚后跟压着脚尖的走法来练习，每天还要我在裆里夹着笤帚在院子里走几百次圆场，走路的时候不许笤帚掉下来，先生说练熟了自然有姿势了，将来上台演出，才能表现出青衣的稳重大方，才能使人感到美观呢！

当时我还没有能力明白这种道理，但我就感觉到一个小姐的角色总是捂着肚子出来进去的怎么能算是美呢？这种怀疑是后来经过比较长的舞台实践，才产生的。演旦角必须把人物表现出“端庄流丽、刚健婀娜”的姿态。为了要表现端庄，所以先生就叫学生捂着肚子走路，实际上这又如何能表现出端庄的姿态来呢？我懂得这个道理以后，就有意识的向生活中寻找这种身段的根源；但是生活中的步法，哪能硬搬到舞台上来运用呢？这个问题一时没有得到解决。没有解决的事，在我心里总是放不下的，随时在留意揣摩着。有一次我在前门大街看见抬轿子的，脚步走得稳极了，这一来引起了我的注意，于是我就追上去，注意看着抬轿子人的步伐，一直跟了几里地，看见人家走得又平又稳又准，脚步丝毫不乱，好看极了。我发现这个新事之后，就去告诉王瑶卿先生。王先生告诉我，练这种平稳的碎步可不容易了，过去北京抬杠的练碎步，拿一碗水顶在头上，练到走起步来水不洒才算成功。我听到这种练法之后，就照这样开始去练习，最初总练不好，反使腰腿酸痛得厉害，这样并没把我练灰了心，还是不间断的练习，慢慢地找着点门道了。同时我还发现了一个窍门，那就是要走这样的碎步，必须两肩松下来，要腰直顶平，这样走起来才能又美又稳又灵活。从此，我上台再不捂着肚子死板板地走了。后来我在新排的《梨花记》戏里表现一个大家小姐的出场时，就第一次使用上去，走起路来又端庄、又严肃、又大方、又流丽，很受观众的称赞。

从我改学青衣戏以后，练跷的功课算是停止了，但是加上了喊嗓子的功课，每天天不亮就要到陶然亭去喊嗓子去，回来后接着还是练基本功，下腰、撕腿、抢背、小翻、虎跳等。一个整上午不停息地练习着。

以后，又学会《宇宙锋》。有一天我练完早晨的功课，荣先生请赵砚奎先生拉胡琴给我调调《宇宙锋》的唱腔，他是按老方法拉，我没有听见过，怎么也张不开嘴唱，因为这件事，荣先生狠狠地打了我一顿板子。因为刚练完撕腿，血还没有换过来，忽然挨打，血全聚在腿腕子上了。腿痛了好多日子，直到今天我的腿上还留下创伤呢！由此也可以看出旧戏班的学戏方法，忽然练功，忽然挨打，的确是不好和不科学的。

十三岁到十四岁这一年中，我就正式参加营业戏的演出了。

当时余叔岩先生的嗓子坏了，他和许多位票友老生、小生在浙慈会馆以走票形式每日演出，我就以借台学艺的身份参加了他们的演出。这一阶段得到不少舞台实践的经验。

我十五岁的时候，嗓子好极了，当时芙蓉草正在丹桂茶园演戏，我在丹桂唱开场戏，因为我的嗓子好，很多观众都非常欢迎，特别有些老人们欣赏我的唱腔。当时刘鸿升的鸿奎社正缺乏青衣，因为刘鸿升嗓子太高，又脆又亮，一般青衣不愿意和他配戏，这时他约我搭入他的班给他配戏，我演的《斩子》的穆桂英是当时最受欢迎的。后来，孙菊仙先生也约我去配戏，《朱砂痣》《桑园寄子》等戏我全陪他唱过。

由于不断的演出，我的舞台经验也逐步有了一些。首先我认为多看旁人的演出，对丰富自己的艺术是有更大的帮助的；当时我除去学习同台演员的艺术以外，我最爱看梅兰芳先生的戏。这时候梅先生正在陆续上演古装戏，我差不多天天从丹桂园下装后，就赶到吉祥戏院去看梅先生的戏去，《天女散花》《嫦娥奔月》等戏，就是这样赶场去看会的。

才唱了一年戏，由于我一天的工作太累了，早晨照常的练功，中午到浙慈会馆去唱戏，晚上到丹桂园去演出，空闲的时候还要给荣先生家里做事，就把嗓子唱坏了。记得白天在浙慈会馆唱了一出《祭塔》，晚上在丹桂陪着李桂芬唱完一出《武家坡》后嗓子倒了。倒嗓后本来应该休息，是可以缓过来的。可巧这时候上海许少卿来约我去上海演出，每月给六百元包银，荣先生当然主张我去，可是王瑶卿先生、罗瘿公先生全认为我应当养养嗓子不能去，这样就与荣先生的想法发生抵触了。后来，经过罗瘿公先生与荣先生磋商，由罗先生赔了荣先生七百元的损失费，就算把我接出了荣家，这样不到七年，我就算提前出师了。

从荣家出来后，演出的工作暂时停止了，可是学习的时间多了，更能够有系统地钻研业务了。

罗先生对我的艺术发展给了很多的帮助。当我从荣先生那里回到家后，他给我规定出一个功课表来，并且替我介绍了不少知名的先生。这一阶段的学习是这样安排的：上午由阎岚秋先生教武把子，练基本功，吊嗓子。下午由乔蕙兰先生教我学昆曲身段，并由江南名笛师谢昆泉、张云卿教曲子。夜间还要到王瑶卿先生家中去学戏。同时每星期一三五罗先生还要陪我去看电影，学习一下其他种艺术的表现手法。王先生教戏有个习惯，不到夜间十二点以后他的精神不来，他家里的客人又特别地多，有时候耗几夜也未必学习到一些东西，等天亮再回家休息不了一会，又该开始练早功了。可是我学戏的心切，学不着我也天天去，天天等到天亮再走，这样兢兢业业地等待了不到半个月。王先生看出我的诚实求学的态度，他很满意，从此他每天必教导我些东西，日子一长，我的确学习到很多宝贵的知识。后来我演的许多新戏，都是王先生给按的腔，对我一生的艺术成长上，奠定了良好的基础。

我十七岁那年，罗先生介绍我拜了梅兰芳先生为师。从此又常到他家去学习。正好当时南通张季直委托欧阳予倩先生在南通成立戏曲学校，梅先生叫我代表他前去致贺，为此，给我排了一出《贵妃醉酒》，这是梅先生亲自教给我的。我到南通后就以这出戏作为祝贺的献礼，这也是我倒嗓后第一次登台。回京后，仍然坚持着每日的课程，并且经常去看梅先生的演出。对他的艺术，尤其是演员的道德修养上得到的教益极为深刻。

经过两年多的休养，十八岁那年，我的嗓子恢复了一些，又开始了演戏生活。这时候唱青衣的人才很缺乏，我当时搭哪个班，颇有举足轻重之势，许多的班社都争着约我合作。我因为在浙慈会馆曾与余叔岩先生同过台，于是我就选择参加了余先生的班社。在这一比较长的合作时期，我与余先生合演过许多出戏，像《御碑亭》《打渔杀家》《审头刺汤》等，对我的艺术成长上起了很大作用。

十九岁那年，高庆奎和朱素云组班，约我参加，有时我与高先生合作，有时我自己唱大轴子，这时我在艺术上略有成就，心情非常兴奋，但我始终没有间断过练功、吊嗓子与学戏。当年我患了猩红热病，休息了一个月，病好之后，嗓子并没发生影响，反而完全恢复了。

这时候我对于表演上的身段开始注意了。罗先生给我介绍一位武术先生学武术，因为我们舞台上所表现的手眼身法步等基本动作，与武术的动作是非常有联带关系的，学了武术，对我演戏上的帮助很大。我二十岁排演新戏《聂隐娘》时，在台上舞的单剑，就是从武术老师那儿学会了舞双剑后拆出来的姿势，当时舞台上舞单剑的，还是个创举呢。

从此以后，我的学习情况更紧张了。罗先生帮助我根据我自己的条件开辟一条新的路径，也就是应当创造合乎自己个性发展的剧目，特别下决心研究唱腔，发挥自己艺术的特长。由这时候起，就由罗先生帮助我编写剧本，从《龙马姻缘》《梨花记》

起，每个月排一本新戏，我不间断的练功、学昆曲，每天还排新戏，由王瑶卿先生给我导演并按腔。

罗先生最后一部名著《青霜剑》刚刚问世后，他就故去了。这时曾有一部分同业们幸灾乐祸地说：罗瘿公死了，程砚秋可要完了。但是，我并没被这句话给吓住，也没被吓得灰心。我感觉到罗先生故去，的确是我很大的损失；可是他几年来对我的帮助与指导，的确已然把我领上了真正的艺术境界，特别是罗先生帮助我找到了自己的艺术个性，使我找到了应当发展的道路，这对我一生的艺术发展上，真是一件莫大的帮助。

为了纪念罗先生，我只有继续学习，努力钻研业务，使自己真的不至于垮下来。从此，我就练习着编写剧本，研究结合人物思想感情的唱腔与身段，进一步分析我所演出过的角色，使我在唱腔和表演上，都得到了很多新的知识和启发。

我的学习过程，自然和一些戏曲界的同志都是差不多的；我在学习上抱定了“勤学苦练”四个字，从不间断，不怕困难，要学就学到底，几十年来我始终保持着这种精神。戏曲界的老前辈常说：“活到老，学到老”，古人说：“业精于勤”，这些道理是一样的。

（《戏曲研究》一九五七年第二期，一九五九年辑入《程砚秋文集》）

我之戏剧观

——一九三一年十二月二十五日在中华戏曲专科学校的演讲

兄弟的知识是很有限的；因为职业的牵绊，所以读书的机会太少了。各位同学比兄弟幸运多了！一面学习演剧，一面又能享受许多普通教育，这是从前演剧的人所未曾得到过的幸运！假使兄弟早年是从这样一个学校里出来，兄弟于今对于戏剧的贡献一定是要大些。因为戏剧是以人生为基础的，人生常识是从享受普通教育中得来的；兄弟读书的机会太少，人生常识不甚充分，所以兄弟演剧十多年了，而对于戏剧的贡献还是很微。

兄弟对于戏剧虽无大贡献，但对于戏剧还有相当的认识。认识戏剧也就是一种知识。不过兄弟这种知识不是从读书得来，而是从演剧得来的，怎样叫认识戏剧呢？我在演一个剧，第一要自己懂得这个剧的意义，第二要明白观众对于这个剧的感情。比方说：我演一出《青霜剑》，在未演之前，先就要懂得申雪贞如何如何受方世一的压迫和摧残，要懂得申雪贞如何如何要刺杀仇人，要懂得申雪贞是如何悲惨，如何痛苦，如何壮烈，我要把申雪贞的人格（个性）整个的懂得了，这才能登台表演，才能在台上把申雪贞忠忠实实地表现出来。假如我演的虽说是《青霜剑》，而观众只看见台上有个程砚秋，没有看见什么申雪贞，那就是我不会把申雪贞的人格了解得彻底，所以我还是程砚秋，不会演成一个申雪贞，这样演员就惨败了。要能够彻底了解申雪贞的人格，知道她是受土豪劣绅的迫害太甚才以鱼死网破的精神来反抗的，这时候我就懂得这个剧的意义了，上台去才不会失败。既演过之后，就要细心去考察观众对于这个剧的感情。大家都觉得这个剧不错，大家都因此而生起了打倒土豪劣绅的革命情绪，我们就再接再厉地演下去。如果有少数人觉得方世一死得太冤，觉得申雪贞手段太毒，我们察知他们的立场是与方世一同样，便可以不理，仍然是再接再厉地演下去。等到社会进化到另一阶段，已经没有土豪劣绅可反对了，大家都觉得这剧的时代已经过去，我们就把这个剧束之高阁，不再演了。演了一个剧而不知道这个剧的意义，而不知道观众对于这个剧的感情，兄弟相信演剧演得年代略久一点的都不会这样傻，因为这种知识是可以在演剧的经验中得来的。但是从演剧的经验中寻求知识，时间太不经济了，论终南捷径还是读些书的好，所以各位同学是比我们从前演剧的人幸运得多！

演一个剧，就有一个认识；演两个剧，就有两个认识；演无数个剧，就有无数个认识；算一笔总账，就成立了一个“戏剧观”。

兄弟觉得算总账也和写流水账一样，离不了两项原则，就是第一要注意戏剧的意义，第二要注重观众对于戏剧的感情。

一直到现在，还有人以为戏剧是把来开心取乐的，以为戏剧是玩意儿。其实不然。有一位佟晶心先生，写了一本《新旧戏与批评》，他对于戏剧的解释是说：“戏剧是一种艺术，或复合的艺术。而予别人以赏鉴的机会，求其提高人类生活的目标。”这是不错的。大凡一个够得上称为编剧家的人，他绝不是像神仙一样，坐在绝无人迹的深山洞府里面，偶然心血来潮，就提起笔来写，他必是在人山人海当中，看见了许多不平的事，他心里气不过，打又打不过人家，连骂也不大敢骂，于是躲在戏剧的招牌下面，作些讽刺或规谏的剧本，希望观众能够观今鉴古。所以每个剧总当有它的意义；算起总账来，就是一切戏剧都要求提高人类生活目标的意义，绝不是把来开心取乐的，绝不是玩意儿。我们演剧的呢？我们为什么要演剧给人家开心取乐呢？为什么要演些玩意儿给人家开心取乐？也许有人说是为吃饭穿衣。难道我们除了演玩意儿给人家开心取乐就没有吃饭穿衣的路走了吗？我们不能这样没志气，我们不能这样贱骨头，我们要和工人一样，要和农民一样，不否认靠职业吃饭穿衣，却也不忘记自己对社会所负的责任。工人农民除靠劳力换取生活维持费之外，还对社会负有生产物品的责任；我们除靠演戏换取生活维持费之外，还对社会负有劝善惩恶的责任。所以我们演一个剧就应当明了演这一个剧的意义；算起总账来，就是演任何剧都要含有要求提高人类生活目标的意义。如果我们演的剧没有这种高尚的意义，就宁可另找吃饭穿衣的路，也绝不靠演玩意儿给人家开心取乐。

有高尚意义的戏剧，不一定就能引起观众的良好感情；正如一服好药，对不对症却是问题。兄弟已经说过：在有土豪劣绅的社会里，《青霜剑》是可以再接再厉地演下去——这就是药能对症。等到社会进化到了另一阶段，已经没有土豪劣绅可反对了，《青霜剑》就不能再演了——这就是因为药不对症了。药能对症的戏剧，就能引起观众的良好感情；药不对症的戏剧，就不能引起观众的良好感情；所以我们演剧的人，要知道某个剧是否药能对症，就要从观众的感情上去测验而判别之。但是所谓观众的感情，并不是从叫好或叫倒好的上头去分辨其良好与否；而是要从影响于观众的思想和行动去分辨其良好与否。兄弟也曾说过：大家看过《青霜剑》而生起了打倒土豪劣绅的革命情绪，这就是引起了观众的良好感情，这个剧就可以再接再厉地演下去。少数人替方世一叫冤，骂申雪贞太毒，这并不算是引起了观众的恶劣感情，这个剧仍然可以再接再厉地演下去。若大家认为这个剧的时代已经过去，这是的确不能引起观众的良好感情了，这个剧就不宜再演。对于一个剧是如此，对于一切剧也是如此，所以总账和流水账是一样的。

一则从意义上去认识戏剧的可演不可演，二则从观众的感情上认识戏剧的宜演不宜演，守着这两个原则去演剧，演剧才不会倒坏。这就是我的戏剧观。兄弟的知识是很有限的，这只是兄弟演剧十多年的经验中得来的一点认识。兄弟曾经屡次把这些意思对贵校焦校长说过，主张各位同学演戏，不可在汗牛充栋的剧本当中随便摸着就演，必须加以严格的选择，意义上可演的就演，观众感情上宜演的就演，其他不可演或不宜演的就不演，旧剧本不足用就另编新的也不难办，焦校长也认为是对的。现在颇有人忧虑二黄剧快要倒坏了；兄弟以为只要我们演剧的人有把握，确定了我们的合理的戏剧观，以始终不懈的精神干下去，二黄剧是不会倒坏的。

各位的前程是很远大的，责任也是很重大的，希望各位及时努力，不要辜负这个学校的培植！敬祝各位进步！

谈非程式的艺术

——话剧观剧述感

我是个从事乐剧的人，但是，与其说演戏唱戏使我感觉兴趣，毋宁说我也和普通的观众一样，喜欢用眼睛去看，用耳朵去听——至少可以说说我对于看戏听戏的兴趣，比较自己演唱时，还要浓厚得多。在我看戏或听戏的时候，我所欣赏的有两点：一是剧本的描写，一是演员的技术。尤其是后者，我认为是一个戏的成功或失败的最后的决定点。因此剧中人动作的姿态、说话的声调以及喜怒哀乐的表情，都引起我深刻的注意。只要演员的技术好，能够把他所担任的特定角色的使命实现出来，纵使剧本稍差，我也有相当的满意。我之所以常向天桥、城南游艺园以及西单商场的杂技场中走走，并且总是带着相当的满意归来，也正因为这个缘故。

人类的生活，一天比一天向上，人类的欲望，一天比一天复杂。单拿一种旧的乐剧形态，来满足社会上所有观众的欲望，或供给举凡一个观众所要求的，这种企图，不仅是妄想，简直是自取灭亡。因此我们从事旧的乐剧的人们，对于新兴的话剧形态，应当要竭诚地表示欢迎，并根据自身过去的经验，尽忠实之贡献，帮助其发展。此两种形态之同时并存，不仅观众的多种欲望因以满足；而且其自身，亦由于彼此对照，彼此建议，彼此完成，而达到戏剧教育化的最高峰、最理想的效果。况且，一个社会的艺术形态，愈属于多方面，愈足以表示这个社会的文化之纷纭灿烂；若一味固守着旧剧的壁垒，对于新兴的话剧，尽其严峻拒绝之能事，实较诸旧时从事话剧诸公，以为有了话剧，便恨不将旧剧宣布死刑，其度量还要窄小！其行为还要愚蠢得可笑！个人既以热心的观客自居，而且兴趣不拘一面，所以随着近数年来，话剧运动之风起云涌，各个话剧场、电影院中，也到处布满了我的足迹。

以上表明了我对于话剧的态度。

由于历次看戏体会的结果，我觉得话剧的最大的好处，就在能用现代的事实，现代的语言，现代的思想和感情，来编制它的剧本；并且表演的时候，也不像旧剧那样，一举一动都依据程式，只消由演员设想剧中人所处的境界，在那境界中所发生的一切思想和情绪，而自由地表现出各种性质不同的动作来。在这种自由表现的过程中，演员的天才可以尽量地发挥，剧中人的情绪也可以表白无遗。此种表演方法，若和旧剧对照起来，则可以“非程式的”目之。从事旧剧的人们，因习于程式的动作，往往将剧中人的内心表情忽略过去，对于此种人，我劝他最好多看几次话剧或电影，因为那些可以帮他了解：活动于程式之中，而能够遗弃程式，把灵魂的花朵展露出来，才是程式艺术的最终极的目的啊！

因为时常亲近，所以便产生爱感，因为有了爱感，便又引起了不足。这差不多是一种感情的定律。凡人对于事事物物，都逃不出它的规定的。我对于话剧，也不能例外。话剧之在我国，尚未建立一个稳固的根基，这事实是毋庸讳言的。就我所知者，中国旅行剧团为我国惟一的职业话剧团体，他们就在像北平这样盛大的都市里，历次排演著名剧本，在协和礼堂以及各旧剧戏馆里上演，而他们全体团员的生活，据说又常是两餐并作一餐，有时饿着肚子登台演剧。（这种精神确是令人钦佩的。）其余爱美的剧团，又哪一个不是赔了钱干？青年会剧团虽有以赢余来发展第二次公演的计划，但结果排演了王文显先生的三幕剧——《委曲求全》——在协和礼堂以及清华大学先后上演了五次以后，所收的票价，又仅可与消费相抵。闲尝考其原因，实由于话剧的观众，十之九属于知识阶级分子和学校学生。他们都是有意识地前来观剧的。至于此外的大部分的民众，他们对于话剧，都未尝有过精神上的接近。假使不设法打入民间，使话剧变成大多数民众所拥护的一种艺术，则话剧的根基能有稳固的希望吗？

但是在未改进以前，大多数的民众对于它，仍是一致地拥护。其拥护的原因，不是认为旧剧本身的组织健全，也不是感觉剧本的故事有趣。他们之所以花钱走进戏馆，大半是为听腔调，看武把子，看做派。说也可笑，从前《盗宗卷》这戏，是不大有人理会的，因为故事既然乏味，而场子又很沉闷，怎样也不能引起观众的兴趣的。但经谭鑫培先生唱了几次以后，居然大邀观众的赞赏，而在各家的戏码上活跃起来，直至今日，还成为内行票友所必学的一出老生戏呢！其他没有意味的戏，而被名角唱红了的，真是不胜枚举。许多人恭维旧剧，说它是“纯艺术”。在我听来，这话包含了两个意义：一、旧剧的剧本是很少可取的；

二、旧剧的唱、做、表情，确已成了专门的技术，而值得人们单独地去欣赏了。它的坏处且不必说，单就技术而言，许多旧剧的老前辈，他们之所以享名，有几个不是在这个上面用了毕生之力，换了来的。仅仅因为谭先生的表演技术好，哪怕《盗宗卷》再没有趣味，观众们依然会塞满了剧场。由此可以推知，观众们是没有一些主见的；除了花钱是为的欣赏杰作，才是他们唯一的主见。从事话剧的同志，若能把握着观众的这一弱点，先从表演技术上来锻炼自己，然后再用好的剧本，在他们面前上演起来，我敢保证观众的眼睛，不是为了单看脸谱而发亮的。

中国旅行剧团演剧，我是好几次都在场的。我觉得有两位女演员的姿态表情，都还有些美术化的意味。该剧团之所以在北平站住好久，虽由于《茶花女》之类的戏码号召力大，但女演员的技术，也是一个叫座的原因。青年会剧团公演时，我也饱了一次眼福。后来金仲荪先生告诉我：他看了《委曲求全》以后，觉得我国话剧的前途很有希望；因为该戏中如校长之类的角色，都表演得很合身份，不复像数年前的话剧，那样表演得不伦不类了。由此可见我国职业的和爱美的话剧团体，也有天才的演员存在着的。但是，这种情形，我不能便认为满足。为什么呢？因为天才只是偶然间产生的。我觉得：在表演的技术没有被视为一种独立的学问，而为一般的话剧同志，特别提出来研究以前，我国的话剧是不会得到普遍而健全的成功的。有些人认为话剧极易于表演，只要把剧本读熟了，便一切好办了。凡是爱护话剧的人，我想都不能加以赞同吧！因为这样一来，演员所能办的，观众也未必不能办到。演员与观众之间，没有一种专门技术的关系，作为两者间的维系，则后者对于前者，势必因轻视而远离。观众既经远离，正因为话剧是非程式的，所以它的表演技术，没有具体范围，正因为它是自由表现的，所以稍不留心，便会陷入于种种的错误。话剧的演员，假使不能使他的眼珠的每一溜视，都传达一种情绪；手指的每一指示，都代表一种意义；两足的每一步伐，都暗示一种规律；腰身的每一转动，都形成一种美姿；则此种演员，不能算得理想中的演员。因为他缺乏了基本训练的缘故。在欧美各国，每一个舞台上或银幕上的艺员，都要经过相当时期的训练，经导演认为合格以后，然后再派定他的角色，参加排演。这使我想起旧戏的演员坐科时，那样每天被教师折磨的情形，和他们比较起来，只不过方法上的差异了。旧剧的技术训练，是以各种武功为根基。哪怕一出《汾河湾》，在进窑门的时候，若无基本的训练，做出来的身段就不好看。话剧的技术训练，也是从柔软体操开始，次及面部和身体各部的表情。我们看外国的电影时，不是常常看见：男演员两眼一翻，就可以把眼白完全露了出来；女演员的两肘一夹，就可以把腰肢旋动得比螺旋还要灵活吗？若非练之有素，能有那样效果否？

艺术就是技术：也许我武断了。

（一九三五年八月十五日）

论戏曲表演的“四功五法”及“艺病”问题的提纲

一九五〇年底，砚秋开始总结京剧基本功即“四功五法”的经验时写道：

> 先人所留下的这份遗产等于宝藏，取之无穷，用之不尽。它宜于高身量，宜于矮，宜于胖子，也宜于瘦子。

戏剧艺术，不外唱、做、念、打。西皮要柔软，二黄要刚强，南梆子要婉转，反二黄要凄凉。原则如此，还要看剧情词句的意思而定唱法与腔调，反二黄，如《宇宙锋》的唱法与《文姬归汉》《六月雪》就不同。

手眼身法步，即手法、眼法、身法、步法。手分指法，眼随指法。身法有“八要”，是起、落、进、退、反侧、收纵、横起、顺落。进步身段低，退步身段高，侧身段看左，反身段看右。《荒山泪》，后一疯的步法，有蹈步、卧步、上寸步、垫（殿）步、碎步、过步、剪步、缓步、慢步、快步、溜滑步、蹉步；赶丫环，黄瓜架，高抬，自然圆场。眼法，有媚、醉、笑、庄重正视。衬托之哭必须声高，与叫板哭不同，如《二进宫》；向内白如《桑园会》《汾河湾》，必须提高，因对话之人离得远的缘故。

练声，一至十，因中国字与外国不同故（方体字），逐句按字练声。

演员有在不知不觉中染上好多毛病的，必须要时时注意，常要对镜去病，若不留心，病根一深，就染上各种难改之病，想再治就不容易了。如陈丽芳犯了数病，今日就很难改掉。弯腿蹲身、头颈强、端肩、硬腰板、脚步慌张、死脸不分喜怒哀怨。

（一）弯腿，一切退转皆不灵活，走时定有膝拱动裙子，殊不雅观，行动时，定有起伏之病。

（二）头颈强，对于唱念缺少美的感觉。脖子微微摇动，帮助姿态的可以传神。

（三）端肩，则觉脖子短，台下观之不美，更谈不到气逸神飞了。

（四）腰硬，全身不轻灵，根本三节、六合，就用不上了。

（五）腰软，并不是指下腰背翻筋斗所用之腰而言，就是脊骨下一节，与鹞子翻身完全不同。

（六）台步不宜过快，忙则全身动摇，冠带散乱，应归步法内再详言。

（七）死脸子。凡演戏，面目表情时，必须分出喜、怒、忧、思、悲、恐、惊。若是死脸子，观众看他定是泥娃娃。

以上的毛病，要随时对镜自照，有无此病，有则改之。

锣在昆曲中用时很少。二黄因在草台表演，为刺激观众以振作精神，并代替小锣，就多用。现在更变本加厉，所谓进军鼓退兵锣，现更乱搞，愈显嘈杂了。

水袖功，有抖袖、打、甩、掸、前十字、后十字、双飞势，左右单背剑、双背剑、扬、掸、翻、抖、甩、打、摆、云、搭；左右掸打、左右掸甩；翻水袖是（曲破）舞，是宋代的一种舞蹈，很重要的姿势。双环式加云手、左右云手下式、左右翻袖、云手掸裙双抖袖、左右斜飞连环穿腰双回袖、左行倒步行云袖、风摆荷叶式、双飞云、蹲身平云斜飞寻找式。一个戏，有一个戏的水袖配合。

唱、念、身段，要有刚柔，配合喜、怒、疯狂；喜如英台念“瞻今朝随我愿，困鸟出笼任蹁跹”，柔而慢，要媚；刚而肃，要硬，如《三击掌》。

手眼身法步者，应配合“三节”。什么是“三节”？即梢节、中节和根节。胸是梢节，横膈膜为中节，丹田为根节，所谓上三节、中三节、下三节。中三节，用于唱法上。还有“六合”，即外三合、内三合。手肘、腰胯、腿足——手为下节，肘为中节，肩是根节；胯为梢节，膝为中节，脚为根节；头梢节，腰中节，足根节。外三合者，即手与足合，肩与胯合，肘与膝合。内三合者，心与意合，意与气合，气与力合。

一切道具，包括翎子、宝剑、甩发、水袖、唱法均宜圆，均系圆形。

练声一至十，因中国字与外国不同之故，方体字逐句按字练声。

（一九五〇年十二月二十九日）

演戏须知

戏有四德，曰立品、曰智能、曰端庄、曰洁烈。

初学法则，应守规矩，得其规矩，始求奇特，既得奇特，仍循规矩，所谓守成法而不泥于成法，脱离成法而不背乎成法，能此可以言艺术。对于一切变化发展革新则无往而不利，此为求学不二法门。夫运用之方，虽由己出，规矩所设，信属自家（知），差之毫厘，谬以千里，苟知其术，适可兼通，心不厌精，体不忘熟，若运用尽于精熟，规矩谙于胸襟，自然容与徘徊，意先动，后无往不宜，潇洒流落，气逸神飞矣。愿学者三复，言：歌以咏言，声以宣意，哀乐所感，托于声歌。学问之道，贵乎自悟，赖人指示乃为下乘；遇拙蠢而使灵巧，遇微细而要持重，运用有方，始趋佳妙，百转心思，胸襟宽阔，态度怡然，方为上乘。

遇繁难不露勉强，遇轻微不可草草放过，要在意味里写真，不要在举动上写真，所渭写意也。要只在举动上写真，而不在意味上注意，即是写真，则失去旧戏写意之原则。要知写真戏以举动为形质，以联络处为性情；写意剧以联络为形质，以举动处为性情，此为后学之度世金针。望学者对于斯言加意揣摩，设有心

得，庶几乎近焉，则可以谈艺术矣。

念一字使一身段皆不可忽视，亦不可轻易使用。要知一字为全句之规，一句为全剧之准，一举为全剧之立根，一动为全剧之脉络。

表演要抓住观众的心理，掌握住观众的情绪，使其有动于中而后可。

学者在自修时要随时自加检讨一切弱点，要随时补充自己的缺欠，见他人有缺欠有弱点，要加自省的工夫，他人有长处要加以学习的工夫，这就是择善而从不善而改之之意。可是，自省的工夫比较学习的工夫进步较速，收获较优。故在求学时期，千万不可有藐视人的心理，良善者固可法，不良善者，亦我师也。

姿势要相辅而行。势者，固定方式也；姿者，所出风神也。有势无姿则不美，有姿无势则不实。

艺贵精而不贵速，法贵乎旁通，可以意会而不可以言传的是艺术，可以言传的是技术，使其出于自然，万不可矫揉造作失却天然之美；术贵乎贯彻，能如此则一切蜕化矣。造微人才，出神入化，规矩谨严，意态潇洒，要有擒纵法。

艺术之运用，不外乎烘云托月，设色生香，绘景绘神而已。浅尝则易，深造则难，有所法而后能有所变，而后大要有强大鉴别力，要会烘托，要会陪衬。

描写剧情切忌过分，表演有所含蓄。凡歌舞与作文无异，切忌过直，文忌直，则曲过直便失掉意味，曲则耐人寻味。凡唱作必须有绝岸颓峰之势，奔雷坠石之奇；如蜻蜓点水之势，若即若离；如流风回雪之姿，忽飘忽漾，果能如此，则自臻佳境。

做戏最忌头重脚轻，换言之，即是不能一气呵成。做身段要向背分明，否则观众不生美感。作节烈妇人，貌虽美丽，要态度端庄，不可使人动淫思之念，而能令人敬畏，所谓面如桃李，凛若冰霜，否则失却青衣身份。

语助词切要注意，对剧情帮助甚大，为戏中要素，用当则能传神，注意中心点，要潇洒如意。

身段要灵空，虚则实之，实则虚之。凡品格高纯之人，念做必须端庄肃静态度。不可多使身段，凡于念唱时手舞足蹈，眉飞色舞者，乃轻浮之人，绝非端士学者。

注意学无成就而标奇立异，见异思迁，此求学之大病，为终身之忧。

歌唱以及三腔等，是戏中以简易繁法。凡唱做须有刚有柔，有阴有阳，要缓急适当，顿挫适宜，勿落平庸；表情动作要不即不离，要若即若离，以繁胜人易，以简胜人难。

无论唱、做、念、打，始终须保持原神不散。提顶若胸中有物，要动中有静，静中有动，最要始终如一。做身段使其繁似简，简而明。台风要潇洒，能使四座产生风为宜。要藏锋，忌露骨，忌轻浮。做戏要无我无人，眼要平视而远；须了解戏中人性情及一切事实环境情况，要作烈妇守节，不作妓女倚门卖笑，所谓教化于人，总要有益于人，不要有害于人。

化装要能寓褒贬别善恶。锣鼓之功用关乎人的性情环境，抓住观众情绪的东西，就是声、形、动、情。

忌太不自信，学无根底，所得不实，见异思迁，胸无主见，是鉴别力薄弱之故。忌过于自信，自以为是，顾影自怜，藐视一切，人皆不如我，耻于下问，是阻挠学业前进之大病。

凡台步、身段、亮相，笨中灵则厚，不要虚中灵则浮，要虚实则活；不要实中，实则钝。一颦、一笑、一举、一动、一顾、一盼对于戏情大有作用，不可以轻举妄动。作工戏，脸上要有丘壑，作用都在眉睫、眼神、法令。话白有附属于身段者，有身段附属于话白者。忌身有俗骨，自矜自夸，太露锋芒，平庸无味，酒肉气重。

要正确魄力，强大鉴识，不耻下问，坚忍性强，从善如流，用写意而成写真，注意补白。

提顶、松肩、气沉丹田、腰背旋转，步法自然灵活；姿态要挺拔，动作要圆转，气魄要庄严，韵味要潇洒，呼吸要匀停，运用要顿挫，戏是抽象的，但是要写实。

矮身儿轻狂，高身儿骄，跃身儿惊慌，存身儿谄。鞠躬是谦，低头是敬，挺腰是谨，迟慢是慎，仰面是媚。戏中人应了解五种须知："身份"，有帝王、奸雄、武将、官僚、文人、名士、书生、狂士、公子、孝子、纨绔、穷儒、良师、腐儒、道学、恶霸、土豪、地主、富翁、市侩、流氓、小贩、游民、农夫、道士、僧家、严父、慈母、闺秀、荡妇、娼妓、艺人、贤妻、侍婢、侠客，义士、王后；"天性"，狡猾、愚顽、淫荡、柔媚、癫狂、奢侈、豪爽、坦白、野性、刁诈、懦弱、泼辣、安善、昏庸、痴呆、暴戾、贞静、阴柔、阴险、正直、激烈、凶顽、乖张、忠实、斯文、率真、慈爱、慷慨、优柔、寡断、吝啬、卑鄙、明辨；"行为"，道德、直爽、仁慈、智勇、信义、险诈、狠毒、残忍、狡辩、巧言、毒辣、权变、机警、刻薄、果断、清廉、驯顺、贪污、狂妄、诚恳、强识；"态度"，狂妄、骄傲、潇洒、幽闲、洒落、超群、凶猛、舒适、恐怖、惊慌、悲惨、勇敢、蛮横、和蔼、强硬、堂皇、儒雅、大方、庄严、幼稚；“气味”，书卷、寒酸、豪爽、粗暴、勇猛、市井、村野、侠义、华贵、山林、庸俗、酒肉、雍容、造作、势利、清高、骄傲、和穆、浮躁、脂粉、风骚。

不要忽视戏曲程式的特点与基础，想用其他办法来代替它，是主观与虚无主义的做法，必然破毁戏曲遗产。这一套程式的形成，为戏曲艺术中极为重要的一部分，剧中人的情感只有通过程式才能表达出来。只有程式没有内心，等于傀儡，只有内心情感没有表演程式，等于战士没有武器一样，不管他思想如何好，也不能攻打敌人。内心与程式相结合才富有生命，富有感染力，必须要将内心情感与外形的表演程式结合在一起，才能收到良好的效果。创造性地运用程式套子，但培养戏曲人才，首先应从学习戏曲程式入手。一学就会，一会就演，一演就好，是不可能的。难能才可贵，不掌握好老一套程式的技术就演出，还很好，艺术也就不可贵了。

“起霸”。老生要躬，花面要撑，武生取中，小生要紧，旦角要松，以上对胸背而言。花面须灭顶，老生眉目中，小生齐鼻孔，贴旦对着胸，指山膀而言。视线有起落，举止有往还，动辄阴阳辨，钉尖对面前，指姿势而言。欲进须先退，欲退反向前，行走守直线，脚跟往前翻，指动作而言。扎靠自膝起（箭衣同），蟒袍腿腕齐，软褶根对趾，切忌太直伸，指脚步而言。起于背行于肘，控于胸，止于颈，指山膀而言。点腕、压肘、里手，指单山而言。老生三贴一抗，武生两贴一抗，小生一贴一抗，旦角仅抗不贴，指退步山膀。陷肩、压肘、亮手裹掌，指山膀姿势而言。

“云手三种”。整云手、简云手和恍云手。

拉单山膀是起唱，搭手是点绛，抬手是念头。

“打把子”。折蝎子、摘豆角、三飞脚、快枪、正天罡、反天罡、反天鹅、满天红、卅二刀、十八棍、锁喉、甩枪、一封书、挎枪、三环九转、削腰峰、棍破枪、就就儿、灯笼泡儿、刀架子、六合枪、十六枪、老虎枪；每一身段有三个过程，动意第一，视线第二，动作第三。前把指人鼻，后把对肚脐，指枪把而言。

戏的知识资料。

开当、打攒、连环、摆阵、走边、稡马、备马、五梅花儿、纱帽翅子、编辫子、十字靠、黄瓜架、大元宝、四合如意、顺风旗、赶黄羊、三见面、萝卜头子、架牌楼、四股当、倒脱靴、二龙出水、攒烟筒、钥匙头、溜下、追过场儿、抄过儿、两边下、连场见、太极图下、龙摆尾、钩上、领上、引上、绕场、抬轿、领下、扯斜胡同儿、一翻两翻、钭犄角、合龙、扯四门儿、跑过场、冲头两边上。挖门上、溜上、站门儿、挖进来、坐轿上、坐车上、骑马上、乘船上、站钭门、站一字。

戏之练习应用各门。

练嗓子、念白、筋骨、腰腿、把子、起霸、操手、神气、脚步、动作、水袖、姿势、翎子、跟斗、眼睛、髯口、扇子、摔发、云轴、扁担、宝钗、双枪、单刀。

韵学书类要目：

《中原音韵》《中州全韵》《洪书正韵》《辞源》《韵学骊珠》《五方元音》《五音篇海》《五本韵端》《九音指导》《韵

府群玉》《南北音辨》《顾曲麈谈》《剧韵新编》《乱弹音韵》《康熙字典》。

气字滑带断，轻重急徐连，起收顿抗垫，情卖接撤搬，以上悟头廿字。

四声、阴阳、南北、尖团、上口、部位、反切、语助、派音、破音，以上读字法。尖字何音，齿头音，当门二牙与舌相抵之音。团字何音，正齿音，即牙音舌根压下槽牙之音。尖字用法，尖字以舌抵齿，合两字为一音而急念之，如“先”字为（**思烟切**）、“秋”字为（**齐由切**）之类。团字则有上口不上口之别。中州韵，即昆曲所谓中原韵也。谓南字多尖，北字多团，为河南土语分析最清，如前、千，修、休，卖货声十五元宵两字，一尖一团都分析得很清，无一混淆。故谓中州韵者，是指尖团而言耳。尖团之分须严格练习，细究之则唇、舌、齿、鼻、喉、腭，各有专司，互相为用。无论什么字，都应念得准，放得稳，用得神。需要特别练音，先求“准”、“稳”。“练”的步骤，是先把舌头与前齿、上腭的各样联系认清楚了，再下工夫去练。每系只须练一个字，自然顺流而下。“稳”了“准”了之后，要用在唱念里，那又先要分清了阴平、阳平及“去”“上”两声。唱念时依照每个人的身份、口吻、情境出口。字眼清楚了，戏味足了，对于台上表演就有了把握了。

写剧本应适合舞台上演本，不要放在书桌上读本。

唱腔的创造是给观众听的，不是为自己欣赏的。

（一九五〇年）

艺术经验讲解

有句古老的谚语说：铁打的棒槌磨绣针，功夫到了自然成。这道理是很明显的。本来，一分磨炼，一分成就，这又是谁能否认的呢？

但是，事实上并不是这样简单，更不能呆板地列作一个公式——愿望+用功=成就。因为就有人下了一辈子的苦工夫，真个是夏练三伏，冬练三九，结果呢？所获得的成就，反不如一般。

这并不是说，走向成功，也还有一条不必经过用功磨炼而能直达的捷径。世界上根本就没有这样专为懒汉准备下的道路，而是说，磨炼也要有磨炼的方法，用功也要有用功的门道，而这些方法、门道，又必须有理论和科学上的根据。

我国的戏剧表演艺术，千百年来，多少的前辈们，曾经给我们积累下了很丰富的经验。但是对于这些经验，我们还没能有计划、有系统地加以整理，而提炼成为理论。为了使我们戏剧表演艺术的再提高，这一步工作是我们必须及早开始，努力进行的。

单就“练功”方面来说，前辈们也曾体验出不少的秘诀。这些秘诀中，有的固然还需要研究整理，但大部分却是很精到很深刻的。

就我个人所粗浅体会的，举两点来谈谈：

老前辈们对于“练功”时间的长短，是非常注重而坚持的，比如说，“涸膀子”每天要用多长时间？“撕腿”每天要用多长时间？一点也不肯通融，说不这样，就不出功夫。起初我也怀疑，这未免太固执了！但后来在实用中间，才体会出所以必须坚持的道理。演员在舞台上表演，无论是动作方面、声音方面，给予观众的感觉，第一要轻松舒适。如果踢一下腿，要让观众不由得也帮着使劲儿；拔一个腔，要让观众暗地里捏把汗，这表演艺术就是失败了。要让观众感觉到轻松舒适，做演员的对于动作和声音，都必须能够应付裕如。怎样才能应付裕如呢？在练功的时候，就必须以超出舞台所需要的质量来练习来作准备。武术家在腿上绑铁砂袋，逐步加重而练习到纵跃自如的程度，解下砂袋，就更显得轻巧灵便了，这是同样的道理。

怎样才能知道练功所需要的量呢？因为各人不同，各时不同，这并没有一个固定的对数表可以查看。惟有我们常常检查自己的演出，是否将要有力竭声嘶，不能应付支持的现象？如果有，那就是练功的量不够，应该再加刻苦勉励的。

有位老前辈曾说，“练功”，不是专凭匹夫之勇的，无勇无谋，练到老也是“戏匠”。这话很耐人寻味的，怎么叫“勇”？怎么叫“谋”？什么是“匠”呢？这也就是艺术和技术的区分。一个演员走上舞台，必须使观众感觉到他所扮演的剧中人是鲜明地活跃在大家面前。但是平常我们和人接触，并不是很短时候就可以看清他的特点。舞台上可就不容工夫。所以做演员的，必须对剧中人有深刻的体会，集中起来，发挥创造力去刻画。中国戏剧用程式化的动作来帮助表演，好处是能够增加表现的鲜明。但程式必须要通过内心，然后才能真正的发挥效用，否则便成槁木死灰，反而影响了表演。所以，我们练功，不仅是身体要练功，脑子也要不断地练功，并且脑子和身体更要配合到一起来练功，这样才能修养成为好的演员。

（一九五一年）

谈歌唱的技术

——一九五一年在昆明文艺工作者座谈会上的发言

诸位同志：今天我来谈一谈歌唱的技术。

在北京，常常听到一套老的传说，传说早年时候，某人某人唱得是怎么样，比现在的人们唱得好，而好的特点，第一，总要谈到是如何的“黄钟大吕”，换句话说，也就是音声响亮健康。

有的竟至传说的像了神话，例如，有人说，当年汪大头（汪桂芬）在大栅栏唱戏，前门楼子上都听得清清楚楚，拿昆明的地方来比，就好比在春明戏院唱，近日楼附近都能听，这不是很难让人相信的么?

话当然是太夸大了，不过事实上也不完全虚假。汪大头我没赶上，以前的老前辈更不曾听到，可是比汪大头稍晚一点的，像孙菊仙、刘鸿声、德珺如、陈德霖……的确，每人有个现在人们所不能及的好嗓子，即如谭鑫培，在当时，大家都认为他是声音窄小的了，可是要放在近些年，远是超群拔萃的。我们可以拿他的唱片来比较一下，是不是比余叔岩、马连良、言菊朋这些位的嗓子好得多、雄壮洪亮呢？不过以前的腔是很简单，我初学时，二黄固定三个腔，西皮若唱《祭江》《别宫》，可以说，青衣的唱腔都包括在内了。现在腔确是复杂了，据王瑶卿先生说台上技术退化，唱法是进步。光绪末年一批唱片，青衣、花脸、老生，听起非常可笑，并且都是当时很有名的，若放在今天舞台上，大家会认为非常滑稽的，服装亦是如此，比方从前花旦穿的肥袖宽花边贴片大开脸，嘴唇上点樱桃小口，大家看去一定认为是兄弟民族在舞台上表演呢！

还有一种特别的现象，早年人不但嗓子好，并且有副好嗓子还不算特殊情形，普遍的嗓子是好的，而不好的只是特别。现在就大相反了，嗓子不好是普通情形，偶然出一个较好的嗓子，就好比凤毛麟角了。

可是这就是五六十年以来的变化，为什么有这样的变化呢？难道说我们真去信那些迷信家的谣言，说什么风水运气的道理么？我们应该以科学的眼光来观察事实的原因，用科学的方法来寻找挽回的途径。

很有些人疑心早年有什么特别的秘法，或是什么特别的药品，而现在失传了。不错有是有的，但也都不怎么可靠，原因也并不在此。据我研究的结果是，第一，早年人的身体，普遍的比近些年的人们好，更重要的还是早年人对于身体的锻炼保护，比较近些年的人认真，比方早起遛弯，陈德霖老先生冬天必到陶然亭遛弯。一个歌唱家，必须有一个健康的身体来做基本条件，因为歌唱也是一种劳动，劳动需要体力来支持，诸位都很明白这个道理，不必我来细说（推测演的长短，近年并未出人才，原因变，将来排戏分团体或私人）。第二，是早年人对于嗓子的保护，比近来的人们知道慎重。嗓子能够发音，是由于喉头里面有一条声带，声带这东西是很脆弱娇嫩的，要时时刻刻去爱护它，如果不知爱护，一旦损坏了，是没法子补救的（高庆奎、王瑶卿声带）。现在的医学虽然很发达，可是要想换一个声带，像汽车配个零件似的，还一点没有办法。爱护声带，要不让它过于劳累，早年效力，先唱小戏，不似近年，小孩子便唱大戏。在冷热饮食上都要留神（早年人对于饮食等的注意情形），不要对声带强迫地使用。我们知道，小孩子到一定的年龄，由于身体的变化，影响到声带的变化，在中国的旧说法叫作“倒仓”。当倒仓期间，应该注意休养，让身体自然地经过变化，然后再使用声带。可是旧戏班里的方法不是这样，越是在倒仓期间，越拼命地去吊，甚至用很高的调门去吊（嗓），这样十之八九把声带毁了，一辈子的歌唱生命，就算完结了。这是不是很错误的一件事呢？固然，其中有一些能吊得出来的，但是我们在现在的时代，断不应该拿特例来反对科学。从科学上来分析，情形是如此，那例外的事，只能看作偶然，不足为法的。有些人（贯大元）嗓子是左嗓，这多半是用高调门强吊出来的变音，好像笛子的苇膜，破了一点的时候，往往吹得出更尖锐的高音，其实这已经不是正确的声音了。早年人似乎比近些年懂得一点这种道理，即使不懂得这道理，可是早年倒仓的孩子们，差不多便不能再去效力，因为那时效力的人多，大家也就不愿意用正在倒仓的去引起观众的不满，这样和休养的道理，多少便有些暗合了。

所以我们要从头整理歌唱的技术，以上两项基本原则，是必须首先做到的。但是单做到这两点，并不够。因为这样只是能有了一副好嗓子，我们知道，好铁还要经过锻炼才能成钢，好的嗓子，也需要加以彻底的训练，才可以作为制造歌唱使用的材料。

怎样使他成为完美的材料呢？（高音应配合高音，不能勉强，譬如说……）将来如何组织？

第一，先要练气，也就是练习怎样控制呼吸。人之所以能发声音，全仗着用气来吹动声带，声带好比一架机器，而气则好比是发动机器的汽油、蒸汽、电一类的东西，不够用是不行，太多了而没有节制也不行，所以每架机器上都有一具很精密的油表、汽表、电表，控制着按需要情形而发出动力。学歌唱也是如此，我们首先要有充足的气，可同时还要建设一种可以自由控制气的机能。早年演员，都讲究在每天清早到旷野地方去遛弯，就是这样道理，不过这方法还太简单，我们需要根据生理学再使它更进一步。

要养成良好……（这段用书上《歌声与呼吸》一篇的呼吸气官节）早晨先活动身体，平心静心走路。身体坏的原因，近年生活所迫。练武功，钱、许、范、出台时好像一根铁柱。

第二，我们要用科学的方法来练习发音。用气来吹动声带发出音响，到了口腔部分，因为口腔里面各种不同的阻拦，便会变化出不同的声音，比方，完全张口，发出的是“啊”音，如果把上下两唇一合，马上这音便成了“呜”了，若再把嘴一裂（读上声），又变成了“衣”的声音了。利用这些口腔不同的姿势，造成了不同音响，综合起来，便是语言。我们唱歌，是有词的，我们不能像老鸦似的，一直在啊啊啊啊地叫，要照着词上的字音，发出各种的音响，并且，每一个音响，要发得非常正确，非常美丽，不因为短促而含糊不清，不因为拖长而变了样子，所以必要一样一样的经过慎重的练习。尤其是中国语言，唇喉舌齿牙

之外，还有四声阴阳的特殊问题，在练习上是又多一层困难的。（主张不讲四声）

第三，我们是要以科学方法练习音阶。旧日练音阶的方法，太不讲究了；也可以说是根本没注意这个问题。教唱的时候，只是开门就教一段唱，唱会了，上胡琴吊好了。至于音阶准确不准确，上下翻动得自然不自然，谁去管它呢？（我对于音阶亦不懂，只是自己揣摩，早先教唱和念白，我认为这方面是不正确的。我太侥幸了，陈教《彩楼配》，玩笑戏）。所以有些演员，唱了一辈子戏，到老还唱不搭调，这又是谁害了他们？有的虽然中间的音可以搭调，可是逢低就要冒，逢高就要黄。有的在翻高的时候，要做出种种的怪形状来，挤眉弄眼，端肩膀，甩下巴……种种情形，一时真没法子数清。从前有一位姓张的票友，唱的时候要用手掐着脖子唱才唱得出来，因此留下一个毛病，上台时也掐着脖子唱，人们都称他作“掐脖张”。凡此种种，都是不依照科学方法练习，勉强生扯硬挤弄出来的毛病，这是错误的，我们必须加以改正，从练音阶入手，一个音一个音发展上去，自然的发展，不要让听的人替唱的人担心，不要让听的人在暗地里帮着使劲，那才是真正的歌唱。这一点将来必须把它做到练习声音的方法！

练习音阶，不要自由地去练习，因为根本自己靠不住才需要练，自由地去练，一定会野马脱缰似的乱跑一阵，练出毛病来，再想挽回可就困难了。从前有位教师教戏，凡是学过一点的，他便不教了，他说好比染布，本来是应该染红色的，如今他已经在蓝靛缸里染了一水，再怎样染，也不会染得鲜红了，这虽是过分之谈，可是走错了道路，的确是很大的危险（开蒙）。

因此在练音阶时，要依傍一件准确的乐器，在西洋，都是用钢琴，我们条件目前不够，但也要选择一件比较发音固定准确的乐器来应用。胡琴靠不住，因为拉的人不一定音准，尤其手指稍微上下一点，会差得很多，笛子比较好些，可是要特别制造，普通的笛子，多是发音不准的。依我的见解，最好是在西乐里选择一件比较好些（例如风琴）。最好固定，不过中国制度问题，应当走这条路。

说到这里，有人一定会感想到，为什么要向西洋乐投降呢？这观念是错误的，学习别人的方法来补充自己的不足，这和舍掉自己的风格而去盲从他人的风格，完全是两回事，缝一件中国衣服并不限定是要用手工来做，用机器照样可以做成中国衣裳。用中国毛笔，也可以画出一张西洋式的图画。我们尽可以用西洋练声的方法来练声，只要我们守住了尺寸，不要去练洋味嗓子，那又有什么妨害呢？

第四，是要以科学的方法来练习音色，所谓音色，便如同我们眼睛所可以看得见的各种颜色。人类的声音是代表人类的情感的，人类的情感有种种不同，因而同一的声音，在不同的情感之下，也会有不同的味道，轻重疾徐，抑扬顿挫，也只能说一个大概，详细的，要各人去深刻体会模仿练习。比如说“我不去”三个字，在惊怕时说是一样，在悲愤时说又是一样，在喜悦时说又是一样，三个字并没有变，变了的只是韵味，我们如何能够一一地表现出其所代表的不同情感呢？这只是音阶是不够的，必须要用音色来补助。这是最难研究的一步，可也是一个歌唱家必须要掌握，充分掌握的一步。

四声、尖团、上口，有好多人主张不用，改革戏，不能只凭自己灵机一动。

经过以上四步练习，歌唱技术的基础可以说是初步完成了。以后才可以谈到运用。所谓运用，就是把各项基本功夫，如何使用在歌曲上去（把一切技术武术使用在身段动作上去）。在谈这一层之前，关于基本练习，还有几项应该注意的，我愿意介绍给大家。

练习歌唱，要有恒心，每天不一定需要很长时间的练习，可是按天要不断地继续练习，我们要紧紧记住，中断一天，要一个礼拜才能找得回来，武术亦然，所谓“要想人前显贵，就得背地里受罪”；中断一个礼拜，就要大半年才找得回来，中断就好比爬山时向下溜一样，这是很危险的。不要性急，铁打的棒槌磨绣针，功夫到了自然成，艺术圈子里没有侥幸，一分功夫，有一分成绩，也绝对不辜负人的。每天最好有两次的练习，每次以一小时左右为限，中间还要有段落的休息时间，以不使声带过劳为度。时间随便自己定，但切记不要在饭后，饱吹饿唱，这是一句经验的教训，我们不可以忽略的，离开饭后，至少在一小时半以上才好（武功不吃练，不符合于卫生）。

练习的时候，切记要注意身体的姿势，要使全身都一点没有紧张的地方。要聚精会神，要诚心敬意。有的人在用功时候很用功，不用功的时候，每好胡嚷几句，以为好玩，其实这等于吃毒药，希望大家要深深警惕的。

练习要发展自己的天才，不要去勉强模仿任何人的声调，人与人之间在天赋上都有些差异，所以一个人有一个面貌，一个人写字有一种的笔迹，歌唱也是如此，勉强学旁人，终必耽误了自己的天才。艺术贵在创造（要选择采用，要取其好听），对于画家写家来说，从没有看见那一个是专以临摹以前人的作品而能够成为一等名家的。必须多观摩，由此得到好多启发。

好了，因为时间关系，我们只能谈一个大概，详细的容有机会再向大家介绍。现在再来谈一谈运用问题。

关于运用，要分四步来讲：

第一，要照顾到歌词的字音和语气。

第二，要结合情感。什字收什音，要躲避，《三击掌》同样腔，环境意思不同，就变了韵，切忌卖弄。

第三，用腔要美。音断意不断、身段、手眼身法步。

第四，要有隽永的味道，所谓使人“三月不知肉味”的力量。自己体会是有所本再创造，枪花几十年没有，文戏动，武（戏）静。

拉杂地说了好久，耽误了大家很久的宝贵时间，没能给大家提出了什么宝贵意见，还希望大家多多原谅！

舞蹈与歌唱问题

——一九五一年十一月二十四日应欧阳予倩院长之邀于中央戏剧学院讲课

今天如此地讲话，真够大胆，欧阳先生是我们旧剧界的先进剧场形象，叶浅予、张季纯先生亦在小剧场观剧。

我是一个中国旧剧演员，所会的只是中国旧剧里的一套技术，并且大部分还偏重在京剧方面。今天给我的题目，是“舞蹈与歌唱问题”，我对于这题目，素来缺乏正式的研究，仅仅能就个人业务范围以内所见到的，胡乱介绍给大家。如果还有两句要得，那么大家也不妨作一点参考材料；如果要不得，就请左耳听了，赶紧由右耳抛弃出去，别让它存在脑子里，以免积成了陈腐，这不是闹着玩的。

旧剧里的舞蹈和歌唱，在原始上并不是戏剧本身所发明和创造的，乃是东借一片瓦，西借一根木头，东拼西凑而集合成了的。在唐朝和宋初的戏剧，只是许多曲艺中的一个很小的种类，联合其他的曲艺，共同演出。当时戏场的情形，在一开首是先出来一两个人，向观众述说欢迎的意思，说罢之后，便一样一样地介绍节目。节目中也有舞蹈性的，也有歌唱性的，也有讲说性的，在这些形式中间，掺和着一两个小小短剧，剧情亦很简单，主要不过是供大家一笑而已，谈不到舞蹈，也谈不到歌唱。末尾

以最精彩的歌唱和舞蹈的节目作为压场，然后再由开场时候所出来的那一两个人，向观众道谢，这样，一天的节目就算告终了。后来戏剧部分渐渐发展起来，剧情也渐渐复杂了，需用的演员也多起来了，于是把其他各种曲艺的演员陆续吸收到戏剧里来。为求戏剧的精彩，也就把他们原来的技术，容纳到戏剧里面去。当然，在初期的时候，是不会容纳得太调和的，逐渐地进步，逐渐地消除了不调和的痕迹，但一直到现在，似乎还没完全的融化净尽。比如说，旧剧里的翻水袖，这是"曲破"舞（宋代的一种歌舞）里的一种主要姿势。云手、山膀，这是武术里的基本姿势，像这一类的情形，很多很多，一时我们也来不及都举出来。现在，这些都成为戏剧中的主要动作了。可是像武戏走边里所用的飞天十三响，这原是打花拳里的一种玩意儿，虽然已经吸收到戏剧里来，可是到现在也还没能完全融化。我们知道，走边是在夜晚偷偷去干一件事的行为，当然要静悄悄地怕人听见，可是打一套飞天十三响，噼里啪啦，难道是恐怕人听不见吗？

这些没尽融化的情形，在各地方戏里，往往比京剧更容易多发现些。例如地方戏中的耍翎子，两根翎子，要一根停止不动，一根盘旋飞绕，这的确是一个很难做的动作。可是演员们在用到这技术的时候，总要把这剧情停上一停，做一会儿准备，然后才耍；耍的时候，往往也不管是不是结合着剧情，这样，充分地显露出是捏合而不是化合的痕迹。在山西看的《黄鹤楼》翎子，好似卖弄，西安看的阎逢春所演的《杀驿》，纱帽翅的颤动（就不同）比较自然。舞台上打拳也同样不融化，就好似到天桥看练把式似的。

对于今后的戏剧，在内容上当然要加以改进，使结合政治，来为人民大众服务。在技术上，也应该再求进步，消化了那些生硬的成分。不但如此，还应该根据这个传统的原则，更去多吸收新的成分，来把戏剧技术更充实起来，发展起来。

关于一般的舞蹈，似乎也应该采取这样的一个方式。我们要建设的是新的中国的舞蹈，第一个要点，这种舞蹈建立起来，必须要绝对充满了我们中华民族的风格。可是旧有的中国的舞蹈，除吸收在戏剧里的以外，大部分是失传了。我们在继承上既感到相当困难，那么就不得不旁征博引地寻找材料，从我们中华民族的生活中找材料，从我们中华民族的特性上找材料，从我们中华民族中近似舞蹈的东西里去找材料。我个人常常感觉到，中国的武术，里面是很丰富的一个舞蹈材料仓库。过去戏剧里曾经采用了一些，但是，中国的武术是很多很多形式的，未被引用的材料还很多很多，我们从这里发掘一下，一定还可以得到很丰富的发现。就原有的舞台所用的这些基本练习，是绝对不够的，凡是出名的几位武生，大多是武术根底非常之好的，如杨小楼、盖叫天、少春的腰腿（《三岔口》），刘奎官先学武术基本功，现在还没有注意到周（信芳）《跑城》。不过看我们怎么运用，不然在台上成为一个把式匠，这是不对的。练把式到天桥看去，何必特为上戏院来看。台上是一面，美为原则。

舞蹈技术的好坏，全在乎身体各部分是否运用的灵活，完全灵活如意之后，再看是否美妙适当。以武术功夫来做研究训练的材料，足可以解决这两项问题的。所以，这不仅是一个很好的材料库，同时更是一位良好的导师。

此外，像各兄弟民族的舞蹈，其中也有好多宝贵的材料，我们也要好好地学习研究。西洋的舞蹈，我们只可拿来作一种参考，分析地吸收，千万不要生吞活剥地去接受，过去已曾有相当的经验教训了。完全用他们的一套，现在是个小弟弟，恐怕经过若干年后的努力，还是一个小弟弟。我们必须自己把我们武术的学习加强起来，打好了基础，然后再把西洋舞蹈方法等加入，使它和我们的融合在一起，那才能有好的，很快的就有了成绩了，尤其在国际间，定能收到好的效果，并且我们自己的东西，要成分较比占的多。不过看我们怎样运用，不然在台上成为一个把式匠，就不合舞台上的艺术美了。因台上所用是一方面的，备与观众们看的，武术练起动作是多方面的，就原有舞台表演所学的基础是不够用的。凡是几位出名的演员，对于武术都有相当研究，如杨小楼、盖叫天等。

此外对于兄弟民族的舞蹈，不应该侧重在学习搬运，当我们学习舞蹈歌曲要作介绍表演时，应该先做一番慎审批判研究，不要当作新奇好玩来介绍，因有些舞蹈歌唱，他们绝对不能在大庭广众之间来露演的（云南所见的山谷联欢、鹭鸶舞），不然他们看了好像我们讽刺他们似的。

其次的问题，是舞蹈与音乐的结合。舞蹈的构成，是以姿势和动作作材料，用节奏来把这些组织起来，因此音乐便成为领导节奏所必须的东西了。什么样的节奏配合什么样的动作，这其间是有一个自然规律的。比如穿上长袍马褂，走起路来，自然是要迈迈方步这种的动作，如果配合以进行曲性质的音乐，便觉得行走起来很僵持；若穿着制服，一边走一边唱昆腔，唱不了两句，走不了两步，不是唱走了板，就是步法乱了。不信，可以试一下即可以证明。要建设新舞蹈，同时必须联系到新音乐的问题，换句话说，如果要建设新的属于中华民族特性和风格的舞蹈，必然也要有新的属于中华民族风格和特性的音乐。

我们再来谈谈歌唱的问题。一向中国的歌唱，过于注重在天才的等待，相当地忽视了功夫训练，虽然旧日也有一套方法，但是这方法太不科学了，有时还很容易生出不良的后果，影响到被训练的人的健康。所以为发展新的歌唱技术，必须先建设一种新的训练方法。

旧戏练声太简单，“衣、啊”的。修养身体是演员首先应注意的，没有健康的身体，绝不能成为一个好演员。再从练声说起。我们知道很多的哑巴，是由于耳聋，因为听不见，所以纵有发音的器官，也不会充分的行使利用。我们要训练歌唱，必要先从听觉的训练入手，听得丰富了，自然认识和辨别也丰富了，再去由自己发音，当然也容易练习了。我们应该多方搜集现有的中国的天才的有深厚的修养的歌唱名家，分门别类，把他们的代表作录成唱片，请些专家来研究分析他们的特点和运用声音的技巧，作为训练人才的参考，使在赏鉴上有了基础的修养。第二步，便是音阶的训练。中国旧式的方法，对于这一层是太不注重的，所以有好些人，尽管唱得久，唱得好，但始终有几个音阶唱不协调。我们今后要增加这一套方法。增加这一套方法，不妨斟酌地采用西洋式的声乐训练法，再配合中国的方块字，自然听起来就是中国味道了。认为自己本国是土嗓子，也是不尊重民族遗产了。只要留神别弄成十足的洋嗓就够了。可是，中国特有的一些音阶，务必要补充进去，否则接受传统遗产时，会把自己家的遗产写到别人家的账上去。假定我们采用他们的调子里边那一个调子，我们旧剧管它叫腔，比如影片《凤求凰》里有一个音阶，我听很好听，我就把它装在《锁麟囊》内。音阶训练好了，并不能算是大功告成，只可以说，这才是刚刚走进了大门。必须要更进一步，使能对于同一的音阶，在不同的需要之下，具有不同的应付能力，这也就是如何把声音和唱词的内容及情感结合起来，随着情感的差异而有千变万化，再配合中国的方块字，自然听起来就是中国味道了。认为自己本国是“土嗓子”，也是不尊重民族遗产了。

所以，一个歌唱家，必须要有极丰富的生活体验，从体验中认识了各种不同的情感，然后才能控制声音，支配声音，使有种种切合实际的表现。这方面的修养，最好也多向民间歌曲学习，因为民间歌曲，多是情感的自然流露，没有“为歌唱而歌唱”的动机，他们是最天真最纯正的。

说到声音和情感结合，有一种现象，是我们必须防止的，这种现象，就是机械地模仿情感。比如唱一个欢喜的歌，里面夹杂上一些笑声；唱一悲哀的歌，里面带上一些哭哭啼啼抽抽噎噎的声音，这是很庸俗的手法。艺术虽然是起源于模仿，但是进步的艺术，却不能还按着原始艺术的那种照猫画虎的方式。

古来有一些歌唱家，很多抱着一种“孤芳自赏”的态度，现在不是那种时代了。我们今后的歌唱，是要为人民大众服务的，因此唱得好或唱得不好，是要以人民大众的共同感觉为标准，一定要能受到广大群众的爱好，才能算是好。今后做一个人民的歌唱家，必须要深入地去结合大众的情感，不但使大众说好，还得使大众真正的、自动地感觉到百听不厌。

最后，我们再提出两个问题。一个是关于用嗓子的问题。去年，各方面曾为“洋嗓”和“土嗓”的问题，引起了一场大的辩论。中国人唱中国歌而用洋嗓，这当然是个不合理的途径。但是，盲目地粗率地来用土嗓，唱得一点都不好听，却自已夸耀这是接受民族的传统艺术，也未免过于辱没祖先了。这也是应该批评矫正的。第二个问题是关于歌词的字音问题。过去有一些专学西洋作曲的朋友们，因为西洋字音里没有四声阴阳这一套，总觉得这是一层多余的障碍，想除掉它。可是除掉之后，作出的歌曲，只能听调子，不能听词句了。因为一个字音是南腔，一个字又是北调，明明是一首很通顺的歌词，弄成不看字便无法明白说的都是什么话了。这何必呢？今后希望作曲家们多注意这个问题，最好是照顾到这个问题，因为中国的文字语言都是有四声的，我们要从众。比如中国的“中”字，唱出必须叫人听成是“中”字，不可以误成是“肿”字；“三”字，必须听到是“三”字，不能误为是“散”字。关于怎样照顾到四声阴阳的问题，在中国歌曲里，虽是自然的存在着这种方法，但一向还没人彻底地去发掘、去整理。因此有人在一知半解之间，发表了一套理论，以为问题只有在旋律上才能解决。这样把一条宽阔的大道弄窄狭了。我们要从头实际地去研究这问题，寻找出我们的正确途径。

我对于唱的研究，很多是从外国歌唱、地方戏曲中汲取来的，不过猛然听去，很不易发现，因为取来之后，是经过一番融化的，可是若加解释，又会明显地呈现出来。这不是神秘，而是艺术家应走的道路。

歌唱的基本原则，说起来很简单，如果用几个字来代表，就是声、情、美、咏。所谓声，是指声韵言，因为汉字的特点，是单音而具四声阴阳的，既用汉字来写成词句，当然要照顾到汉字的特点。一个腔调在制造中，是必须逐字审定其四声阴阳等。声韵既定，其次便是要结合情感，因文字之所以能表达情感，是在于其所涵的意义而不在于音韵，故此在腔进行中，是要选择涵义所需要的旋律来运用的。在选择旋律的时候，用时还要注意几件事：一是要切合剧中人的身份；二是要适宜当时的环境；三是要美妙动听。比如说，一个性情萎弱的人，断不宜于用激昂豪爽的声腔；在剧情紧张的时候，决不可以用和缓的歌调；一句悲哀的话，是要以适宜的旋律来发挥其悲哀，万不是扯开嗓子一哭，便算成功了。以上三步完成之后，最末还要照顾到的，便是咏。同是一个腔调，有的听一两遍，便觉得平淡无奇了，有的则像橄榄一样愈经咀嚼愈有滋味，腔调制造，是要以后者作为标准的。凡歌唱必须顺合上项原则的，尤其是第一项，很有些人主张废掉不用。是的，废掉了，没有什么关系，但又何必还一定要用汉文来写歌呢？

腔要新颖，切合剧情，必须严肃，最忌油腔滑调取悦观众，要有血肉，有分量。

程砚秋赴欧考察戏曲音乐报告书

引　子

我奉南京戏曲音乐院之命，赴欧洲考察戏曲音乐，从一九三二年岁首出国，到一九三三年四月归国，中间经过十四个月有奇。这一点点时间，要把偌大一个欧洲的戏曲音乐考察个通明透亮，当然不可能的；据我身所经，目所见，耳所闻，不肯轻轻放过，愿加以深切周密的注意，记述下来，并在我可能理解的范围内为之说明，以期不完全虚此一行。归国迄今，转瞬经月，整理编次，列为上下两章，上章为活动经过的概述，下章则列举考察所得而加以建议。此项报告，除录呈南京戏曲音乐院外，并另函梨园公益会，冀蒙采择参考，以助中国戏曲音乐和戏剧界生活的改进；同时，公开提出于社会，企图获得指导和批评。

上　章

我是在中华民国二十一年，公历一九三二年一月十四日搭北宁路车离开北平的。那天有许多师友们把我送到车上，殷殷致其嘱望之诚，要我忠实而勇敢地负起考察欧洲戏曲音乐以为沟通中西艺术的初步的使命。我紧紧地记在心头，随着车轮的进展而增强了我此行的决意。

因为顺从郎之万先生的主张，我们是由南满路入西伯利亚的。郎之万先生是法兰西的名士，受国际联盟派遣为中国教育考察团主要团员之一；他是中国文化的同情者，是世界和平的志士，曾经深切地称赞我的《荒山泪》，因而我们有了友谊，因而我们一同到欧洲去。

在哈尔滨有一天延搁，二十五日才到莫斯科。

赤色的莫斯科，他们有一种特长就是灵活的组织，那是他们一切活动的基本方策。他们的戏剧界，有一种通信机关的组织，凡是到那儿去的外国戏剧家、音乐家、戏曲作者，都可到那机关去签名报到，他们便有人出来接待，并引导你去参观各戏曲音乐机关。当我到莫斯科的时候，由于中俄会议中国全权莫柳忱先生的指引，到那通信机关去签了名，就承那里派员引导我们去参观了国家剧院和一所最新的反写实的小剧院。假使我能在莫斯科多住些日子，相信那通信机关能引导我遍观大革命后俄罗斯那充盈着新的血液的戏曲音乐的全体。

郎之万先生主张我在莫斯科住下；他认为苏联和德国的戏曲显然比法国的强，因为那是比较有正确的人生意义。同时，莫柳忱先生也说要我在莫斯科至少住一星期，不可“如入宝山空手回”。我在街市上看见每一个苏联人都在忙碌着，绝没有瞎溜达和闲磕牙的，足见他们的建设工作之紧张及其工作精神之盛旺。我们所乘火车所经过的地方，经郎之万先生指点着告诉我，许多在大革命前的荒原，于今都变成繁荣的都市了。在他们的国度里，两个五年计划的空气是到处笼罩着的；虽然不常看见什么标语，可是他们的壁画比标语更为有力。从这些上头，很容易想见他们的戏曲音乐也必然是朝气勃勃的，的确那是我应当而且必要考察的。况且那反写实的剧院，还要请求我多留几日，开欢迎会，请我讲演。但是，因为先一天在车上，郎之万先生接到北平法国使馆转来巴黎的一个急电，催他赶快回去，我为旅行中各种便利计，决然同他先往巴黎，只好对他们说，预备归国时再到莫斯科住些日子，却没想到后来是由海道归国的，这心愿只好俟诸异日了。

在俄国和波兰交界的地方换车，一直开往巴黎。

波兰对于旅客的检查很严，足见他们不放心从俄国来的人。波兰人在波德交界处又有很雄厚而缜密的武装戒备，足见他们对于德国也常常在防备着。这个处于两大国间的小国，现在是在一幕恐怖剧的预演中吧！

莱茵河畔约莫有十里路远的煤烟弥漫着，充分表现着一个重工业国的德意志。过柏林未下车，前途便是巴黎。

二十八日到巴黎。

郎之万先生的公子来接车，并且把我送到一个大旅馆去。因那儿的用费过于浩繁，仅住了七天，便迁移到一个小旅馆中。觉得耗费还是太多，不是长住的办法，乃又于一个月后迁至一个公寓似的地方去住，一直到五月十日才离开那儿。

巴黎名教授而兼为国立大剧院秘书长的赖鲁雅先生，一九三一年我们在北平认识的；这次我在巴黎，得他的教益很多。他介绍我去参观了许多歌剧的、话剧的和半歌剧的国家剧院。最富于思想的、最平民化的、著名的戏剧家兑勒，便是他介

绍我认识的；他并且再三告诉我，要我在巴黎多看兑勒的表演。他邀集了许多剧曲家、音乐家，与夫研究东方文化的学者，开茶话会一一地介绍我认识。在茶话会中，他把一九三一年从中国带去的唱片开起来；还要我清唱一段，但我推辞了。

兑勒问我要中国剧的脸谱，给了他许多。

研究东方文化的巴黎学者，他们有学会的组织，曾经要求我到会表演中国剧，我因事实上不能不要伴奏器乐而单人表演，所以不曾应允。但我不能辜负他们的热忱而使他们过于失望，就告诉他们，说梅兰芳先生不久要从中国到欧洲来的，他带了乐队和配角来，我可以代为邀请到会表演。这么一说，才使他们得到安慰，才使我摆脱一次苦境，然而我心中仍然是很抱歉的！

以教育家而有名于时的班乐卫先生，介绍我在一家剧院里见过曾经以表演艺术名动欧陆的夫妇两人，名字叫都玛，男的是俄国人，女的是法国人。关于化装术、发音术、动作术、表情术，中西两方的异点和同点，在那儿我默默地作了一个比较的观察。

穆岱先生是一位左派政治家，他介绍我去参观巴黎国立戏曲音乐学校。那学校的设备和成绩都使我十分满意。校中有音乐陈列馆，世界各国的古今乐器都有一些，其中代表中国乐器的便是一把胡琴，并且是新的，没有松香，没有千斤，没有码，于是我黯然了！我对那校长说：我们中国乐器，不如是简单，这不能代表我们中国。将来有机会时，我送几样重要的乐器来，请您陈列罢。他对我说："戏曲音乐是不分国界的；在欧战正酣时也有法国的非战戏曲家到德国去演奏，而获得德国广大民众热烈欢迎。"他又告诉我德国的戏曲音乐比法国的进步，使我把郎之万先生在莫斯科所对我说的话生一联想，而心仪莫斯科与柏林。我初到欧洲，无从作比较的研究，法国学者还是自谦呢？还是超出狭小的国家观念为公当的评判呢？两者皆值得敬佩！

巴黎俄国使馆因为一部俄国影片到来，特邀集许多名人到使馆去参观。请俟批评后，再到市上公演。那片子是纯然主张建设的，也可以说是五年计划的反映，我觉得丝毫没有流弊的；但不知怎的，后来还是不曾在电影院公映。那次我是穿长袍马褂去的，座中有人要给我画像，殷勤致其羡慕中国戏曲艺术之词，但我终于委婉推脱了。

有扮演男子著名的女演员，曾经邀我到她家里去参观她表演的《夜舟》，是一个单人剧。灯光的配置，极为精巧。她所演的都是单人剧，往往手提一个皮包，装置应用的灯光，任意到各处表演，非常地灵便，真可谓别开生面。像我们演剧，这样累赘，相形之下，不能不佩服而又自己惭愧。那天，她要求我舞剑，因为没有剑器，将就着拿细铜棍舞了一会；她很诚恳地要跟我学，后来终因时间不许可而未果。

在巴黎的市中有一座“学生城”（中国译名），世界各国都有学校在那儿，这是很可以利用着来做世界和平运动——我想，假如我们在那儿去建筑一个剧院，专拿雷马克的《西线无战事》之类的材料编成剧本去表演，一定是能够使那儿的各国青年涵泳成大同思想的。中国也有一块地皮在那儿，然而没有建筑学校，更谈不到有学生了，当时我不禁羞愧得面红耳赤！“我们先来办一所学校罢，剧院问题且摆在后！”这是当时我内心的自讼。

我在巴黎的一切活动，除赖鲁雅先生帮忙外，承郎之万先

生的指导尤多。他有他的经常工作，也是很忙的；但至少每星期要见面三次：星期日是他和他的夫人公子等全家陪着我到各处散步，此外六天中要同我看一次戏和喝一次茶，同时他就告诉我许多考察戏曲音乐的方法。有一次他请意大利某文学家宴会，座中还有一九三一年受国际联盟派遣为中国教育考察团主席的德国教育家裴开尔先生。在宴会时，郎之万先生郑重地对裴开尔先生说，要他于我到德国时予以接待，这种隆情盛意，的确是可感得很！

离开巴黎，来到柏林。

裴开尔先生是从前普鲁士的教育部长兼艺术部长，后来是柏林大学名望很高的教授。他在中国看过我演的《荒山泪》，他和郎之万先生是很好的朋友，所以我在巴黎得到郎之万先生的指导独多，在柏林就得到他的指导独多。

由于裴开尔先生的介绍，我才认识国家剧院的总经理体金先生。此公也很诚恳，特定招待程序，并派他那剧院的一位音乐指挥韩德荣先生引导我参观各处戏曲音乐机关，还承他详细地一一解释，使我于我的责任得到极大的益处。

普鲁士国立的柏林音乐大学，规模极其宏大，教授法也好，设备也齐全；例如那儿的陈列室中，中国乐器倒也不少。在那学校中，中国只有一个学生，便是《东西乐制之研究》《东方民族之音乐》等书的作者王光祈先生。真是凤毛麟角了。

这位校长布利兹先生，是个有名的音乐家。外表质朴，招待殷勤。从早晨九时起，陪着我们参观，直到午后零时三十分左右，他饿着肚子，口讲指画，毫无倦容，的确是忠于职务。临行时还要我写了几句话在一本小册上以作纪念。在其他地方参观，也多有要经过这种题词签字的手续。

柏林有一个远东协会，秘书长是林德先生。他为欢迎我而开了一个大规模的茶话会；那天到会的有远东协会会长、普鲁士教育部长、外交部司长、国家剧院经理、戏剧家、音乐家、银行家、新闻记者、乌发电影公司的经理和中国使馆的全体人员。林德先生演说，对于中国戏曲艺术极尽夸耀；只是把我捧得太高，使我惭愧！如许的来宾中，奇才异能之士的确不少，奏乐器的、唱歌的，万籁争鸣，煞是热闹！林德先生要我唱一段中国戏，我因为没有乐器相伴，苦苦推辞；但卒因主人和来宾的执意相求，万不得已才干唱了几句《荒山泪》。在未唱之前，林德先生代为把《荒山泪》的内容作一简略的说明，称赞这是一出非战戏曲，大家就鼓掌欢迎。唱过之后，大家高兴，要求再唱，我只得又唱了几句《骂殿》。于是有许多戏曲音乐家又重来和我握手，表示他们的敬佩，而我则只有惶恐！因为一则干唱到底不是味，二则觉得对不起赖鲁雅先生和许多法国朋友。

提金先生告诉我一个消息：国家剧院将要上演一个非战的剧，译其名可称为《无穷生死路》，那是普法战争时一个在前线的小兵的著作，描写战壕生活非常深刻。自然，这是要去看的，上级军官和军需官们是怯战的，下级军官则是和老兵同一心理；老兵的心理是怎样的呢？“我们的老弟兄们还剩下几个？都死完了啊！”这时候，只有“初生之犊不畏虎”的新兵就不顾利害。在新兵和老兵的对话中，逐渐得到一个共同的结论，便是“我们为什么打仗”这一问题。后来听见开赴前线的命令，就无论新兵老兵都颓唐着装睡了。一个青年的新兵对他的同伴说："你是有妻儿了，已经享受过家庭的快乐，死也不冤；我才冤哩！"最后，前线的新兵已死完了，在休养中的受过伤的老兵又要再赴前方，那种欲哭无泪的情景，用暗淡的灯光烘托出来，使人凄心动魄！这实在是伟大的。我们的《荒山泪》《春闺梦》也应当这样充实其意识。是的，民族斗争，经济斗争，现世界的确是一个全部的武剧，但我们知道战争毕竟是兽性的发挥，人类的终极鹄的毕竟是和平。

柏林有一所各国侨民共同组织的化装跳舞场，他们常常以男扮女，假乳隆起，煞是好看！这可说是与巴黎那以女扮男的女演员相映而成奇趣！

在柏林，最可纪念的就是会见名动世界的剧场监督莱因哈特先生，他请我数次看他导演的一出匈牙利的剧本名《醉汉》，使我得到许多可贵的知识。再则，乌发公司那几乎欲夺好莱坞之席的精神和实质，也的确使我挢舌不下！公司为我而设茶点，并且介绍许多明星和我认识；当我看见那些曾经在银幕上瞻仰过丰采的明星的时候，自然生起一些有趣的联想。可惜没有见到我十年前最崇拜的詹宁士先生。

德意志民族同于俄法民族，到底是伟大的，他们的进步并不因一个专制魔王引起来的世界环攻失败而遏止，这也足见战争的威力无论如何庞大也终究不能解决一个问题。这，只要看看他们的无线电事业就知道了。德国无线电台成立不过十年左右，正是在战败之后，正是在《凡尔赛和约》紧紧地缚束之下，仅仅十年光景，他们现在是每家都有收音机了，甚至有一家而用三四个收音机的。无线电的播音，自然有新闻、讲演、商情等等，但总不敌戏曲音乐的成分之多。

由郎之万先生，间接地传达，并由裴开尔先生对我说，国际新教育会议，就要在法国尼斯开会，其中有戏曲音乐一门，可以参加，劝我前去出席，我当然同意。八月一日是开会期，我便于七月二十七日离开柏林。在瑞士耽搁一天，三十日才到尼斯。三十一日经郎之万先生办理入会手续，第二天就赴会去了。

这个国际新教育会议是英国安斯女士发起的，每两年开会一次，这已是第六次了。会议主任是安斯自己担任，她聘请的几位主席与副主席，恰巧是郎之万、裴开尔诸先生，这于我当然有很多的便利；因为由于两位正副主席的介绍，能使到会的五十余国的几百位代表了解我的立场，我才好和他们作沟通东西戏曲技术的商榷——我的意见才更加获得会议全体的重视。

九日，在会场中，各国代表很有些奏唱乐曲的；这并不限定是唱国歌，只要各自能表现出他的民族或国家的特殊风格来就行。轮到中国，大家便要我唱一段，这是不能辞脱的，自然非唱不可。唱一段不够，大家要求再唱一段，也只好又唱了。这天唱的还是一段《骂殿》和一段《荒山泪》，不过与前在柏林远东协会所唱的词句不同而已。郎之万和裴开尔两位对于《荒山泪》是极尽颂扬之能事的，他们郑重地把这剧的本事和意义告诉大家，所以当我把几句词唱过之后，大家就高呼起来：“废止战争！”“世界和平万岁！”

有一位波兰大学教授，他讲的题目，是“东方道德问题”，他很赞美东方的道德，他说：“我们西方正在倾向它，的确有研

究借鉴的价值，为什么东方的学者反极力来模仿西方，真是莫名其妙。”我对这位学者的讲演，是非常表同情的，科学文明，诚不如人，但是各国有各国的立场，我们所应该保存的，还是要极力维护它，不可自己一概抹杀。

在会场中听到了许多教育家、文学家、艺术家的高论，中国代表当然也是要说话的，何东先生的讲题是“中国教育新途径”，庄泽之先生的讲题是“中国新教育”，我的讲题是“中国戏曲与和平运动”。这段演词，已由世界编译馆印成小册，兹不备录。

当我的话说完的时候，一个日本的老人在热烈的鼓掌声中走近前来和我握手，诚恳地表示他对于和平主义的中国戏曲之同情。这个老人是日本一个老教育家，他的确没有军国主义的火气，这是一望而知的。假使人人能够如此，中日间乃至其他国际间还有什么问题呢？无疑地，这仍然需要和平运动者的不断地努力，《荒山泪》《春闺梦》之类的确是对症下药的。

八月十一日才闭会，中间经过三次旅行；因为每三天旅行一次，是团体的行动。有一次是到的罗马边境，受过黑衣人的严厉的检查；但是我们知道这是法西斯蒂政权下的题中应有之义，并不感觉特别。到过一次世界驰名的孟利卡勒大赌场，那儿正象征着一幕人类诡谲的斗争剧。

在开会期间，中国代表团招待到会各国代表，由陈和铣先生代表李石曾先生致词，因为李先生是中国代表团的领袖，那时却还在由华赴欧的途中尚未赶到。陈先生曾经出席国联文化会议，也是讨论的教育上的和平主义问题；他在尼斯代李先生致词，也说的是这些。

尼斯闭会之后，陈和铣先生请我到瑞士休息几天，同时孙佩苍先生又邀我到里昂去。孙先生是里昂中法大学校长，他邀我去就是为参观中法大学，这当然比到瑞士去休养好，所以我于十二日便同他向里昂去了。里昂是巴黎以次最要的城市，且与中国关系最多，如商业文化在在皆是。尤其是里昂中法大学，校舍是由一座兵房改成的，中国学生一二百人在其中居住，不但有园林屋宇等实际的便利，并且象征深远的和平哲理，与中国文化的国际合作，我焉能不往一观！这不仅是一城市的特色，或者法国满墙高标“自由、平等、博爱”三字，由这点可以表现些它的精神。

十五日，里昂中法大学以盛筵来款待我。在许多中国男女青年的热烈督促之下，我免不了是要唱几句的，却好，这次是有胡琴伴奏着。第二天，里昂《进步日报》有这样一段记载：“……以一种高贵而不可模拟的吸力，应热心青年男女的请求，即由其本国青年用一种乐器名胡琴者奏伴着，以圆润的歌喉，圆润的心情，作尖锐洪亮而又不用其谈话的声音歌唱。……时而作急促之歌，时而作舒缓之调，为吾人向所未闻的声音。此种锐敏的歌声，在欧洲人初次听见是不很了解，但觉其可听；而在中国的知音者听着，就不禁心旷神怡了。”这几句话，未免过奖，比前几次干唱，这次有胡琴伴着是自己也觉得顺耳得多。

那儿的大剧院也去参观过。听说那儿有一个大规模的傀儡剧场，可惜我失之交臂，竟没有去看看，匆匆地就返回柏林去了。前经莫斯科未住下去考察苏联戏曲音乐，这回在里昂又没去考察傀儡剧场，这都是我此行对于使命欠忠勤的地方。

我前次在柏林便是赁屋居住，这次回转柏林仍然住在那里，因为是幽静而又经济。这次和前次的工作不同，前次是侧重参观，这次是侧重搜求书籍、剧本、图片等等。共计获得的剧本约两千多种，都是教育界给学生们念的教科书或参考书；图片五千多张，其中以关于戏曲音乐为最大多数，其余也都是与文化有关的；书籍也有七八百种，除直接关于戏曲音乐之外，则以合作社的论著为多。

接到了日内瓦世界学校方面的来书，是要我去教太极拳。这是我十分高兴的。因为那学校是富于大同思想的拉斯曼先生和莫瑞特夫人等主办的，没有什么种族、国家、宗教、男女任何的歧视，组织是从小学一直到大学，主意是要从小孩儿起首来深种世界大同的根。当我在尼斯参加国际教育会议的时候，对于一个决议感到极度的愉快和兴奋，那决议就是说："从现在起，与会的同志们大家贡献他的全人格于发展孩童的人类同情心，以启发世界和平的机运。"我对于这个伟大的决议的躬行实践就应从日内瓦世界学校做起，这还不高兴吗？于是把住德两年计划暂时搁起。

离开柏林，是十一月九日到的日内瓦。因为快要放年假了，所以我暂时没到校教课。到第二年——就是今年一月二十五日才去授课的，预定期限是一个月；因为这是纯粹义务，所以期限易于商得学校当局的同意。为了时间的短促，太极拳尚未教完给学生，我就要离开日内瓦了，但是我把未教完的部分教给了一位体育教员。

在授课前，承该校董事长拉斯曼先生设宴招待，又承校长莫瑞特夫人举行茶会，并邀我演讲，我勉强说了几分钟的法语，当然不能尽达我所说；恰好李石曾先生也有沟通中西文化的演讲，顺便也替我补充了几句关于太极拳的说明。在宴会中，拉斯曼先生告诉我，他想要把太极拳改成太极舞，把音乐参加进去。我想，这比《汉宫秋》和《清平调》等之翻为西洋歌曲更为可能而且自然吧。西方人之重视中国艺术，于此可见一斑。

世界学校里面有消费合作社，有医院，设备都很完整。学生三百多人，有二十个以上不同的国籍，将来一定可以更扩大的。学生每人一间房，他们除读书外可以从事个别的职业之实习——如制造化学品、木工、铁工之类。教授就按各国的特长聘请的，那儿是一座熔冶世界文明的洪炉。

在日内瓦三个多月，除授课外，多的时间便是消耗在游览风景和学习提琴。到欧洲一年了。平时是除考察戏曲音乐之外就只有读法文，至于学习奏乐则仅在日内瓦的时候；不过，时间到底太浅，提琴拉得到底还不是味。

二月二十五日到巴黎，向郎之万、赖鲁雅……许多先生辞行，这便是准备回国的时候了。这时我的考察工作并未完成，本不能匆匆回国；无如中日纠纷扩大，山海关发生变故，平津动摇，我不得已而要赶着回国省亲，因了这意外的挫折，使我连必须要去的英吉利也没有去，这对于我的使命，我的初衷，都是十分感觉不安的！

在巴黎，承李石曾先生邀约与陈真如和欧阳予倩——广东戏剧研究所的两位创办人——谈谈戏曲问题，一切都能谈得旨趣符合，只是李先生和欧阳先生谈到戏曲上的人生哲学问题，相持一个多钟头还是未曾得到解决。这个问题也牵涉到我近几年的“和平主义的戏曲运动”在内，所以应当记述于此：李先生是主张合作与互助的，欧阳先生是主张竞争与抵抗的。在学理上自然都能各自言之成理，我只有同样的佩服。我以为人生的目的是在幸福，幸福便只有在和平中获得，所以归纳到人生的最终目的在和平；不过对于侵害者之需要制止，对于压迫者之需要反抗，也就可以说是对于破坏和平者之需要克服，这却又是不得已的事，所以李先生与欧阳先生的主张虽然貌似矛盾或冲突，而人生则正是从这矛盾与冲突中发展出来的。我把我的意见申述于此，李先生和欧阳先生似乎可以不再争执了吧？然而当时却并不能停止他们两位的论战。

二十七日又到日内瓦，是来取一部行李。取了行李，并未停留，二十八日到米兰才停了小半天。这小半天中，参观了大名鼎鼎的米兰戏曲音乐院。从那儿便到了罗马，也参观了与墨索里尼的住所比邻的国际教育电影学院。都因为时间太少，犹如走马看花，未曾看得十分了然，甚为可惜！

罗马有一处戏院，是欧洲各国戏剧演者的最后一块试金石。因为你如果想在戏剧界成名，你就要到那儿去一露本领，在那儿受人欢迎以后就可以无往不利，欧洲各国的人自然会一致承认你是个好老；否则，你如果在那儿不受欢迎，你的戏剧生命大概就没有什么指望了。因为罗马继承希腊文化而来，是戏剧的先进区，早为全欧洲人所公认；在罗马受欢迎的戏剧演者，在他处焉有不受欢迎之理！在罗马不受欢迎，则犹之乎落选，犹之乎考试不及格；当然在他处也不会被人重视的。我到那剧院里去看戏，就是要去看一看这块试金石到底是怎样一个状态；不料才只看了半部戏，动身的时间已到，就匆匆地离开罗马了。

在尼斯参加国际新教育会议时，因时间关系，只到意大利边境，罗马未去。这次到罗马，正赶上法西斯蒂专政若干年纪念的盛大庆祝会，所以比前次热闹得多。在那庆祝会中，有许多的陈列品，许多的宣传品的确是丰富得很；有人说："在那儿是看不见丝毫和平的影子的，只有黑色的恐怖支配着他们的全人生，统治着他们的全世界！"但我在参观国际教育电影院，却也发见一些和平的色彩，尤使我相信互助合作的潮流超过一切了！这院并要我在《剧学月刊》里披露有关电影问题的文章，原则上我已赞同，但如何实行，须俟与月刊同人具体商榷。

有名的意大利的火山，我上去了，几次被山上冒出的烟所迷，而我仍然鼓着勇气往上跑；但是，最后终于被更大烟所慑，不敢看个痛快，悄然地退下来了。这好像正是我这次赴欧考察戏曲音乐的一个缩影，想起来又自愧！又自笑！又自怜！

三月七日到威尼斯水城，十日上船回国。

同船有国际新教育会议中国代表，有世界文化合作会中国代表，有中国赴欧考察教育团及留学回国的多人，其中有几位要学太极拳，我便于二十四天中给教完了。同时我们也曾讨论太极舞的实现方案，但是未曾得到具体的决定。

四月三日，我携带着惶恐和惭愧到达上海，七日回到北平。对我属望甚切的师友们，都在等着我的成绩报告哩。而我只有坦然地把我的惶恐和惭愧陈列出来！我希望大家更督责我，更鞭策我，使我将来再去寻一寻托尔斯泰的遗迹，看一看莎士比亚的故乡，那时或许有一个略为使大家满意的报告。

下　章

欧洲戏曲音乐之发达，显然不是现时中国所能望其项背的；这原因并不怎么复杂，说起来反而是很简单。他们的许多教育——如宗教教育、伦理教育、政治教育、社会教育等，可说全是以艺术为手段，和我们早年以戒尺为手段的固然不同，即和我们现时之以单调的黑板为手段的也是不同；更显明些说：许多给予国民的教育，我们用着经典的或者论文的教科书，他们则是用戏曲音乐为教科书。他们并不是没有经典和论文，他们的经典和论文也许比我们更为富有；然而，他们的小学生便读剧本、听音乐，中学也是如此，大学生还是如此，经典论文宁可说较后的学年的时候才需要。因此，戏曲音乐可说是他们的国民教育、常识教育，中国哪里是这样的呢？

国立的剧院，每每在学校休假的时候开演日戏，使学生有机会到那儿去印证所读过的剧本，从而理解到实演上的许多技术——化装、发音、表情、动作等。同时，音乐的听赏也是很重要的；不仅如此，一切灯光、布景、服装……也都有一个与剧情调协的要求。

他们差不多人人读过若干种的剧本而能够默诵下来，人人能谈莫里哀、莎士比亚、易卜生；再则，他们差不多人人会奏几样乐器，人人懂得和声、旋律、节奏、对位法。这完全是国家的教育政策的结果。我以为这种教育政策是十分合理；因为戏曲音乐是携带着兴趣而来的，比那板起面孔的经典和论文容易使青年们接受些。蔡孑民先生的“美术代宗教”论，李石曾先生的“戏曲代宗教”论，当然也是基于这种见解而成立的。我的意见，一方面比蔡李两先生的主张稍为活动，就是不必拿美术或戏曲来代替宗教；他方面又比蔡李两先生的主张稍为广泛，就是不仅宗教教育要以戏曲音乐为手段，其他如政治经济教育、伦理道德教育等等，也都要以戏曲音乐为手段。

如果国家的教育政策是以戏曲音乐为手段，则这戏曲音乐应当有协合的形式。因为一个国家的教育政策，是整个国家政策的一部分，与这个国家的一切政治政策和经济政策都有呼应相通的功能，才能够形成政策上的国家步调或国家意识；唯其如此，所以教育政策的手段之协合形式，不但是教育政策必然要求，而且是国家政策的必然要求。现时中国的戏曲音乐之缺乏协合形式是无可讳言的，国内各地方各自为政，能够彼此沟通的部分很少；在这样涣散的形式之下，焉能望它具有负荷国家的教育政策进行的力量？

中国各地方戏曲音乐之各自为政，并不是指京调、秦腔、徽调、汉调、粤戏、闽戏等的分别而言；这些分别是以语言不同为最大原因，其实这是不足以妨碍我们所要求的协合形式的。欧洲各国的语言文字各不相同，但是各国戏剧演者都能以不同的语言在罗马去猎取最后的功名，就是因为他们有全欧洲相同的乐谱。戏曲音乐之所赖以发生教育效果的，除开词句以外，还有音节和表情等，都是由于乐谱决定的；能够听得懂词句固然更好，或者听不懂就以国语在小册上传播也行，即令听不懂而又不用小册子，只要有各地方一致的音节和表情等，也就能收相同的教育效果。欧洲人运用乐谱，完成了戏曲音乐的欧洲风俗，同时又各自完成其国家的教育效果，这是我们所应当效法的。

中国戏曲音乐在大体上是没有乐谱的；局部的虽近些年也有，但各行其是，没有一个标准谱。从前的《九宫大成谱》之类，那是前一个时代的东西了，也就不必说它。昆曲衰败以后，皮黄名曰“乱弹”，本来是不讲究要一定的谱：但如果要皮黄负起教育的责任，则合于现时中华民族和世界人类的要求的新创作为必要，要这创作在各地方有一致的效果，则不可不有一定的谱。假定创作一个描写“九一八”或“一·二八”的政治剧，或是以这些为背景而写一个社会剧或家庭剧，其中一段词句，如其没有一定的谱，则演唱者可以随便增减或改易字句，甚或彼此以不同的调子唱出来，则其感情不同，其教育效果亦必各异。因此。我在此提议：新中国的戏曲音乐必须励行乐谱制，才能实现国家教育政策的效果。

在演剧术中，如化装术，欧洲的确是很讲究的，但能供我们采用的虽有而很少。因为种族和地域的不同，皮肤的颜色，面部的位置，衣冠的服用，都是不和我们相同的，当然我们舞台上的化装不能模仿他们。再则，他们为传统的写实观念所囿，他们可以在资本势力之下极量活跃，像莱因赫特对于《奇迹》（The Miracle）剧中那七百人的服装费了多少的心血和金钱，这在我们无论暂时不可能，而且也是不必的。但是，欧洲舞剧中的化装，要求与背景、灯光、音乐……一切协调，那却是我们所应当采用的。

表情术在演剧术中也是重要的。欧洲的伦理道德和风俗习尚有很多与中国不同，最显著的是性爱关系；因此，舞台上男女的调情，在我们要费许多周折的，在他们就不妨“开门见山”。以此类推，他们的表情术是有些不能急切搬到我们的舞台上来的，否则观众也许就会说我们在发狂。尤其是欧洲的话剧，他们的对话可说纯然是冰冷的理智，和我们在舞台上要得到理智与感情的调和的表情当然不同，这也是不便模仿的。但是，他们的表情是面面周到的，是以整个剧为单位的，断非我们的主角表情之畸形发展者所可及；自从戈登格雷和莱因赫特以来，他们表情的规律越发整齐而严肃了，这在我们也是不可忽略的。

欧洲演剧术为我们所必须效法者便是发音术。发音之必须倚仗肺力，这是生理学所肯定的。我们发音固然也是由于肺部使力，但过去我们不曾留意到蓄养肺力和伸缩肺力的科学方法，对于音色、音度、音调、音质、音势、音量、音律，更不会去求得了解；因而用嗓子时并不依生理学的定理，因而除天赋独厚者外，嗓子便每天都不能保险。欧洲的戏剧演者便和我们两样，他们每个人的肺部都有大力膨胀着，用之不尽，取之不竭，一直到老还不衰，这的确是我们所极应效法的。

说到导演问题，更使我们惭愧！我们排一个戏，只在胡乱排一两次，至多三次，大家就说不会砸了，于是乎便上演，也居然就招座。更不堪的是连剧本也不分发给演员，只告诉他们一个分幕或分场的大概，就随各人的意思到场上去念唱“流水词”，也竟敢于去欺骗观众——我这话也许会开罪于少数的人，但请原谅我是站在戏曲艺术的立场上说老实话！

欧洲的导演是这样草率的吗？不，他们认为演剧的命运不是决定于演剧，而是决定于导演，可见他们对于导演之认真。莱因

赫特对我说："排一个戏至少总得三个星期以上，还要每天不间断地排。排演时有了十二分的成功，上演时才会有十分的成功；排演时若仅有十分成功，还是暂不上演的好。"我在乌发电影公司去参观，见那导演者的威严，见那些演员对于导演者的绝对服从，的确令我惊奇！内中一个鼎鼎大名的明星为在剧中说一句话，做一个姿势，曾经反复至很多次，导演者既不肯放松，演者也不敢发什么好角儿的脾气。导演戏剧是如此，导演音乐亦复是如此：柏林音乐大学是采用的单人教法，我看见一个教授对一个学生教一句简单的词，曾反复唱至数十遍。

近些年来，中国新的戏剧运动者和批评者，大概也都能说明导演的重要了；但这空气在皮黄剧的环境中似乎是不甚紧张的，何怪人家说我们麻木和落伍呢！不用消极，更不必护短，从此急起直追，我们当中也可以产生出莱因赫特来的。

在外表上看，法国剧院和德国剧院相比较，是法不如德之设备完全，德不如法之美丽壮观；然而这也只是比较上的话，其实德国剧院并不简陋，法国剧院也并不缺陷太多，在现时的中国剧院都是望尘莫及的。最重要的约有两点：无论法国或德国，剧院的后台面积总是比前台面积大，这是一点。平时剧院光线是很强的，演剧时虽把光线驱逐了，而利用机器终把空气弄得很流动，这又是一点。中国现时的剧院呢？全面积百分之八十乃至几十以上是为前台所占了，平时光线嫌其弱而演剧时光线又嫌其强，空气更是经常地不甚流动，这都是恰恰与德法相反的。

剧院的光线和空气问题，这是谁都能解答的。后台面积为何要那样大呢？那里面有缝纫处，有铁工处，有木工处，以备制作布景服饰等等之用。甚至演员的化装室、休息室、布景服饰及其他器具的安置处所，还有储衣室、图书室等等，不用说也都是需要相当地面的。前台呢，通常能容三千座位，小的剧院有仅容五百座位的，后者固不待说，前者也不及后台需要地面之大。戏剧本是一切在后台弄得整齐完善了搬到前台来献给观众的，可说后台才真正是戏剧的策源地，若只顾贪图前台座位多，就不管后台的设备和周转，则戏剧必不能成熟，必不受观众的欢迎，座位多也没有用；关于这，欧洲的剧场监督们已悉心考虑过了。

德法两国是我勾留较久的地方，就是像莫斯科、米兰、罗马……许多我只走马看花般看了一下，他们的剧院也够我们羡慕的！本来，我们的矮屋一所，光线微弱，灰尘满地，加上烟气的弥漫，小贩的叫嚣，痰沫的乱吐，茶水的横泼，尤其是后台把人逼得几乎要上壁，我也受了二十年的罪了，于今见了人家那样完善的剧院焉得不羡慕呢！不过，徒然羡慕也没用，我们应当效法他们，这问题便牵涉到政府了，因为欧洲各国那些完善的剧院都是国立的，至少也是国家资助的。

莱因赫特的一个转台，他曾邀我去参观，那是在转台上分为四个间隔，相当于东西南北四个方面，当一个间隔转向于观众而演出一幕剧时，后台便把其他三个间隔逐一把背景道具人物都安置好了，只等前幕一完，后幕便立刻转了出去，中间费不了一分钟的时间。这种办法，中国已经有人采用了，但莱因赫特有三个特点还未学到：一是不因布置在后台的三个间隔而使敲木、打铁、搬器具的嘈杂声音传达到前台，以免紊乱观众的情绪；二是转台转动时使观众看不见痕迹，也听不见声音；三是每一间隔的

背景、灯光，要与转台以外的舞台部分的色彩线条相调协，绝不使转台上是一个昏夜的森林，而转台以外的舞台部分又是白天的宫殿。总而言之：中国现时转台是使人一望或一听而知是转台，莱因赫特的转台则前台看不出是转台，因为他那舞台始终是整个的，没有分裂的迹象，因是又不使观众于任何时候发现有台子转动的声音。我以为转台的确是可采用的，不过要采用就得连同莱因赫特的三个特点一齐采用，否则就会画虎不成反类犬。

欧洲舞台上的灯光，那的确是神乎其技！我们这个世界是处处使人厌恶的，唯独进了剧院，全部精神便随着视线而集于美妙的灯光之下，恍如脱离了这个可厌恶的人间而另入于一个诗意的乐园！月下的园林、海中的舟楫、岸头的黄昏、山上的云气，一切在诗人幻想中的伟大、富丽、清幽、甜蜜，在欧洲舞台一一献给我们的，那就是灯光的不可思议的力量！

灯光在戏剧上的功用，约有这样几种：一是使戏剧在舞台上，不到台下去和观众搅在一起；所以剧场中台上和台下要用灯光来分为两个世界。二是象征某个剧的意义，所以全剧必须要有一种基本的灯光。三是随着剧情的转变而转变，即是表现剧的推进状态；所以全剧虽有一种象征整个意义的灯光，而其光度的强弱和颜色的深浅则常常在变动着。四是映出剧中人的心理状态，以加重演员的表现力。五是表明季候的寒热，时间的迟早，天气的晦明，山林房屋的明暗等等。

中国舞台的前途必不能忘记灯光的重要，我们将来必须采用欧洲舞台上的灯光，这是毫无问题的。在目前，舞台的建筑是很不适于灯光的装置；现在我们应当一面努力于新的舞台的建筑，一面就可能范围内改良旧的舞台以应用灯光——例如把台上和台下分为两个世界，只许台上有许多灯光，而台下则没有灯光，或有而也仅有光度很弱的。这是立刻可以试办的。

欧洲的音乐，无论大规模的交响乐，无论戏剧中的伴奏乐，就是那些乞丐在道路边奏着的，也有和声和对位法等等的运用。再则，他们的乐器是以弦乐为主体，次为管乐，再次才为打乐。又，他们最少有四部音——高音、中音、次中音和低音的合奏。中国的音乐呢？旋律尚不十分健全，和声和对位法等等更很少运用；乐器是以打乐为主，弦乐和管乐反而是次要的；四部音的合奏是没有，连低音乐器也少见得很。因此种种关系，中国音乐是不如欧洲的柔和、复合、伟大而完全。

中国音乐有中国音乐的风格，正犹之中华民族不同于欧洲民族一样，我不主张抛弃我们固有的而去完全照抄欧洲的老文章；但是，在乐理上所不可缺的，如和声、对位法、四部音合奏等，纵令欧洲没有，我们也应当研究而应用之。

欧洲的许多剧场监督，很关心观众的购买力与兴趣的相对应；就是说：既要使观众尽量满足其观剧的兴趣，又不使观众为满足观剧兴趣而负担过于巨额的费用。许多学生、店员，尤其是工人，他们对于戏剧的兴趣很强烈，假使要他们每观剧一次就要花多量的钱，他们就只有相当抑制自己的兴趣，减少观剧的次数，才不至于危害他们的日常生活；这样，固然悖于国家经营剧院的目的，同时戏剧也有离开民众艺术立场的危险，所以无论国立的或私营的剧院的经理都引以为忧。

大革命后的俄国，起初剧院对于观剧的工人们是不收费的，新经济政策实行后对观剧的工人虽收费也只有百分之四十乃至百分之五十。巴黎戏剧界有类于我们的梨园公益会的组织，那儿出售年票，只要花一百法郎，或者更少，便可购买一张，任你到哪家剧院里去观剧都行，在一个周年内有效；普通在巴黎观剧的人，每次也要花三十来个法郎，这是一个何等可惊的差别！柏林也有这样的办法，有些是收费百分之五十，有些是组织一个会，缴纳很少的会费，便可由抽签而得到优等的座位；拿这去比较每次要用十来个马克才换一张入座券的，也就有天渊之别。

巴黎观剧一次要用三十来个法郎，柏林观剧一次要用十来个马克，都合中国十多块钱。那么，中国现时每次给予一个观众以一张入座券，只向他索取一元至三元或五元的代价，似乎甚廉了，似乎无学欧洲减价优待观众的办法之必要了。其实不然。现时中国经济破产的事实已经昭然摆在我们面前，普通观众花一元至五元钱是很不容易的，近年“票价平民化”的呼声之高就是这个原因，所以我们实有学欧洲减价优待观众的办法之必要。

欧洲戏剧界的社会组织，那尤其是我们所应当效法的。这种组织是戏剧界自身的生存力，没有这种组织就会使每个戏剧从业者在这经济搏战的社会中逐一死亡，这是一件何等重大的事！

欧洲的戏剧从业者的社会地位都是很高的。柏林的戏剧界，大部都是大学毕业生，因为他们以为大学生到戏剧界中来活动，比较有力量些。一般人之视戏剧家，如同超乎寻常的天使。当我在柏林远东协会受林德先生他们的隆重招待时，林德先生的演说几乎要把我捧上天去，我心里很觉不安！其实，他们心日中的戏剧家是每个都值得那样夸张的，不足为奇。欧洲戏剧从业者的社会地位既是有那样高，他们的生存力似乎各个都具有着，还用得着一种社会组织来做保障吗？是的，他们仍然需要一种社会组织。在中国，因为一般的传统观念是视戏剧为“小道”，为“玩意儿”，不像欧洲人那样视戏剧为教育工具，因而对于戏剧从业者也远不如欧洲人那样重视；我们的社会地位既不如欧洲戏剧从业者的社会地位之高，在这经济搏战的社会中，他们尚且需要一种组织来做生存的保障，我们更何待说？

当我一九三二年一月刚到巴黎的时候，就赶上巴黎戏剧界的大罢工。巴黎有名的四个大剧院，国家每月应给每个剧院各一百万法郎，大概是近些年不甚发得足数吧，反而还增加了剧院的纳税率，因此四个剧院的人便罢工表示反抗。他们的罢工很有力量，势至非要政府低头不可；就是因为他们有强固的组织，能使他们意志和行动都坚固，自然就能处处表现出他们的社会势力来，使政府不敢高压。

欧洲戏剧界的社会组织，当然也是以类乎我们的梨园公益会的组织为基础；这种组织，不管是什么名称，反正总是和工人的工会、商人的商会、农人的农会、学生们的学生会一般，是戏剧界的集团机关，普通可称为“剧界公会”。这种基本组织我们也有了，所异者就是在这组织中的活动若何。组织是肉体，活动是灵魂，没有灵魂的肉体是没有生命的啊！

欧洲如法德两国，他们的剧界公会的活动，最主要的，我们所必须效法的，约有三件：第一，对于同人失业救济；第二，对于同人职业的介绍；第三，办理同人的消费、保险、信用……各种合作事业。他们的剧界公会中，有失业救济会，职业介绍所，与夫各种合作社的个别组织，使每个组织各负专责去努力，而剧界公会的委员会或董事会则为最高的指挥与考核机关。

凡是剧界公会的会员，每月缴纳百分之五的所得税于失业救济会，作为公积金，就是准备用来救济失业会员的生活的。救济金额的标准，是依消费合作社的购买价格以决定他的最低限度的必要生活，使不失于滥费或不敷。其因疾病或衰老而致长期失业时，不能让公积金巨额支出，则又有疾病互助社、养老互助社等等以济其穷。

剧界公会会员之由职业介绍所的介绍而得到职业的，第一个月应缴纳所得税百分之十，除一半是作失业救济所的公积金外，其余一半则入于疾病、养老、信用等合作社作为公有基金。

剧界公会会员存款于信用合作社，其利息并不较普通银行为低，而信用合作社都能拿这些存款去谋戏剧界的各种公共福利，无异除直接付了利息之外又间接付了更大的利息于存款人。信用合作社怎样去谋戏剧界的公共福利呢？无非放款于消费、保险、疾病、养老等互助合作社，使它们加大其活动力。

在各种合作社中，消费合作社自然是主要的。它所供给剧界公会会员的衣服、粮食、燃料、化妆品等，固然要比较其他商店的价廉而且物美；它并且能代会员们购买廉价的车票和船票，至于剧院的入座券那更不用说了。

疾病的和衰老的，不能再活动于舞台上了，也还有事可做的。如其能受到某种技术的训练的话，他便是生产合作社中的生产者了。再则，精神的生产事业，例如给予剧界公会会员的子弟以教育，这也是疾病者和衰老者所能够做的。

这些，假如我们都能够学到，我们梨园公益会便立刻可以充实起来，我们便能自己把社会地位提高，这是毫无疑义的。我们的目的并不含有政治意味，我们并不必像欧洲戏剧家那样受社会重视就引为荣幸，我们所要求的是经济的解放，是要在中国戏剧界实现《礼运》所谓：“老有所终，壮有所用，幼有所长，矜寡孤独废疾者皆有所养。”至少要比仅在每年年终唱一次“窝窝头戏”以救济贫苦同业者要积极些，要彻底些，要有计划些。

一个国家的戏剧界，和其他国家的戏剧界，必须有若干的联络，这是林林总总的世界文化交流现象中之一。在欧洲，例如莫斯科戏剧界组织的通信机关，有许多国家的戏曲家和音乐家在那儿签了姓名，在那儿得到指示而认识了新俄的戏曲、音乐，必须这样，这个国家的戏曲家和音乐家才有与别个国家的戏曲家和音乐家交换意见的机会，才有彼此沟通艺术的途径。中国的戏曲、音乐的缺点已经自己发觉了，因而我们发下宏誓大愿要采取外国的长处来补救我们的短处；同时中国也有中国的长处，艺术是大公无私的，我们也要贡献给外国。因此，我以为我们的梨园公益会也应当负起与外国戏曲家和音乐家联络的责任。

再则，像柏林的无线电台，常常以很大的报酬去聘请外国有名的戏曲家和音乐家来演奏他的惊人技能，而以之广播于全德意志，或者全欧洲：这不仅是使德国人或全欧洲人有听赏外国戏曲、音乐大家奏技的机会，而是德国人与外国人交换戏曲、音乐意见的办法。无线电台是国家经营的，我希望我们的政府也拿出这种办法来，则于我们做沟通中西戏曲音乐艺术的工作的人有很大的便利。在以前，外国剧团或乐队到中国来的也有，也在舞台

上表演过。但总是他们和我们全都失败了，为什么呢？他们老远地到来，售票当然超于在其本国时的三十法郎或十个马克，而经济衰落的中国一般人便只好徘徊于剧场的门外了，于是他们则因得不到多数观众而冷清清地走了，我们则把一个大好的机会失之交臂。这种可惜的事，我们希望此后不再出现，其挽救方法便是政府帮助我们的力所不及者，如德国政府之支出报酬于在无线电台播音的外国戏曲家和音乐家一般。

欧洲戏曲音乐及其从业者的社会组织等等，凡是我们所应效法的，就我的"管窥蠡测"已大致说明于本章了。也有我们所不可勉强去学的，例如剧情的内容，一般所谓风格问题便是。

时代虽是同在一个时代，而环境则各不相同，所以剧情的内容固不可忽略时间关系，亦不可忘记空间关系。各民族各有各的经济生活，各有各的政治典型，因而涵泳以成各自特有民族性，剧情的内容则必是这民族性的反映或再现，所以各国有各国的异点。俄国是社会主义国家，十余年来由其政治的和经济的涵泳而成为普遍的社会主义的民族性，加上有苏维埃政府的国家政策督课于上，所以他们的剧情的内容也全是描写或宣扬社会主义。法国民族是以博爱、自由、平等著名于世界的，从路易十四上了断头台以来便是如此了，现时他们的民权思想已逐渐演进到无政府主义。所以他们的剧情的内容是以讽刺政治、法律等统治工具的成分为多，不过暂时还未十分显露排斥国家的意识罢了。德意志民族自经一九一四至一九一九年的战祸和《凡尔赛和约》的苛待，至今十余年尚未脱离危机，大家对于战争不但害怕，而且深恶痛恨，所以他们的剧情的内容大半是如雷马克的《西线无战事》之类的描写非战。这些当中难道就全没有值得我们效法的！例如非战，我便是一个这样主张的人，我为什么又不说要学德国呢？例如讽刺政治，抨击旧的已经腐化的制度，像《打渔杀家》和《荒山泪》也就是这样的。我为什么又不说要学法国呢？要知道从民族的经济生活和政治制度或再现于戏剧上，这是犹之乎小孩儿吃奶，是本能的，用不着去学别人。而且，作风之不同，不但随国家或民族而异，并且是随作者的生活与心境而各异的，自然与人相同是无妨的，勉强去学别人徒然是束缚自己，消灭自己而已。

中国戏剧有许多固有的优点，欧洲人尚且要学我们的，这里也说一说。中国人自己有些不满意于中国剧，就把中国剧看得没有一丝半毫的好处，以为非把西方戏剧搬来代替不可；假如知道西方戏剧家正在研究和采用中国戏剧中的许多东西的话，也该明白了。

中国戏剧是不用写实的布景的。欧洲那壮丽和伟大的写实布景，终于在科学的考验之下发现了无可弥缝的缺陷，于是历来未用过写实布景的中国剧便为欧洲人所惊奇了。兑勒先生很诚恳地对我说："欧洲戏剧和中国戏剧的自身都各有缺点，都需要改良。中国如果采用欧洲的布景以改良戏剧，无异于饮毒酒自杀，因为布景正是欧洲的缺点。"莱因赫特先生也对我说过："如果可能的话，最好是不用布景，只要有灯光威力就行；否则，要朋布景，也只可用中立性的。"谁都知道莱因赫特的《奇迹》和《省迈伦》（Sumurun）的背景都是中立性的，和我们舞台上的紫色的或灰色的等等净幔是同一效果。当我把我们的净幔告诉兑勒、莱因赫特……许多欧洲戏剧家的时候，他们曾表示过意外的倾服和羡慕，至于赖鲁雅先生，则更是极端称许，认为这是改良欧洲戏剧的门径。

提鞭当马，搬椅作门，以至于开门和上楼等仅用手足作姿势，国内曾经有人说这些是中国戏剧最幼稚的部分，而欧洲有不少的戏剧家则承认这些是中国戏剧最成熟的部分。例如当我一九三二年离国赴欧，道经莫斯科的时候，在一个小剧院里，见到一位有名的戏剧家，他对我说，人们以木凳代马，以棒击木凳表示跑马。在法国，兑勒也曾提起这种办法，而认为这是可珍贵的写意的演剧术。此外如赖鲁雅、体金……许多人都有同样的意见。我每每把我们的方法告诉他们，赖鲁雅、郎之万、裴开尔……许多曾经在中国来观过剧的人也屡次把我们方法告诉他们本国的人，他们便以极其折服的神气承认我们的马鞭是一匹活马，承认这活马比他们的木凳进步的多。《小巴黎报》的主笔很惊奇地对我说："中国戏剧已经进步到了写意的演剧术，已有很高的价值了，你还来欧洲考察什么？"我起初疑他是一种外交辞令，后来听见欧洲许多戏剧家都这样说，我才相信这是真话。

兑勒向我要去许多脸谱，我以为他只是拿去当一种陈列或参考而已，后来看见《悭吝人》中有一个登场人是红脸的，才知道欧洲人是在学我们了，脸谱是一种图案画，在戏剧上的象征作用有时和灯光产生同一的效果，法德两国已有一些戏剧家是这样的意见了。我并不说脸谱必须要用，我也不说脸谱必不可废，我更不因欧洲戏剧中有一个红脸便拿来做主张脸谱的论据；我只觉得反对脸谱者并不具有绝对的理由，因反对脸谱而连带排斥中国戏剧者更不具有绝对的理由。

独白也是中国戏中一件被攻击过的东西；站在对话的立场来

攻击独白，原是很自然的，不足为怪。但是，如巴黎某女演员的《夜舟》，是话剧，又是一个人独演的，那里面便只有独白而没有对话。这虽不是巴黎某女演员在学我们，却可见欧洲戏剧也并不是绝对排斥独白。在我们的新创作中，于可能状态之下不用独白是可以的，要绝对排斥独白也可以不必，这是我的一个信念。

中国剧中的舞术，和中国的武术有很深的关系，这是谁都知道的。拉斯曼先生要把太极拳改为太极舞，足见欧洲人对于根源于中国武术而蜕化成的舞术是同意的。我们现时应当把中国武术完全化为舞术，如把太极拳化为太极舞之类，不要把武术直接表演于戏剧中，这倒是一件切要的工作；至于把西洋舞术参加到中国剧里，虽并不是不可能，目前总还没有这个必要。

在此，把我在本章所述的建议列举出来，便一目了然：

（一）国家应以戏曲、音乐为一般教育手段。

（二）实行乐谱制，以协合戏曲音乐在教育政策上的效果。

（三）舞台化装要与背景、灯光、音乐……一切协调。

（四）舞台表情要规律化，严防主角表情的畸形发展。

（五）习用科学方法的发音术。

（六）导演者权力要高于一切。

（七）实行国立剧院，或国家津贴私人剧院。

（八）剧院后台要大于前台，完成后台应有的一切设备。

（九）流通并清洁前台的空气，肃清剧场中小贩和茶役等的叫嚣。

（十）用转台必须具有莱因赫特的三个特点。

（十一）应用专门的舞台灯光学。

（十二）音乐须运用和声和对位法等。

（十三）逐渐完成以弦乐为主要的音乐。

（十四）完全四部音合奏。

（十五）实行年票制或其他减价优待观众的办法。

（十六）组织剧界失业救济会。

（十七）组织剧界职业介绍所。

（十八）兴办剧界各种互助合作社。

（十九）与各国戏曲音乐家联络，并交换沟通中西戏曲音乐艺术的意见。

这里所列举的，都是我们所应效法欧洲的。至于背景只用中立性，化太极拳为太极舞等等，或是我们已经如此，或是中国自己的事，这里就不都列举了。

结　语

在我的建议中，有许多实行起来都是经纬万端的，例如舞台化装、背景、灯光、音乐……要一切协调，例如国立剧院，例如兴办剧界各种合作社等等皆是。这还需要三个条件：一是要各方面的专门家共同努力，二是政府和社会要一致动员，三是大家要以坚定的意志和持久的毅力长期干下去。

我的建议也许有许多幼稚和遗漏的地方，这是因为我在欧洲的时间太短，兼之了解力也不强，以致观察不明白。但我不敢文过饰非，我仍然鼓着勇气这样写出来了，有待于将来的匡正和补充。

（一九三三年五月十日于北平）

西北戏曲访问小记

一九四九年十一月二日，我们开始第一次的西北旅行。这次到西北去，虽然也准备演出，但是更重要的目的，是为了调查和研究西北方面各种戏曲音乐，作为改进中国旧剧的参考资料。

近几十年以来，中国的旧剧，显然是从本位下降了。许多的技术和特点，随着故去的演员们，一批一批地埋到坟墓里去，京剧是如此，各种地方戏也是如此。所以然的原因很多，但在过去半殖民地的情况之下，和欧美资本主义的文化相接触，因而激起一阵盲目崇拜西洋的风气，轻率地忽略了应该对自己的历史遗产加以慎重的批判接受，不能不说也是一个原因。

中国旧剧的特点，很有些人称它为“象征的艺术”，其实这是很错误的，如果我们仔细去研究中国戏剧的历史，很明白的可以看出，中国戏剧表演技术的构成，并没有丝毫象征的动机存在。一切原来都是从写实上出发的；但是中间却经过一番舞蹈的陶冶，因而形成了一种特殊的方式。近些年来，许多人都试把直接写实的方法，渗入到旧剧里去，结果新的道路并没开好，原旧的道路也模糊了。现在应该及早觉悟回头，总还不算太迟。我立意要调查全国各地方戏剧，目的即在此。比如一本得不到的书，却有几部残本在，不妨集拢起来配合一下，纵使得不着全的，但总会比其中任何一本要完整的。

中国的戏剧，一个来源是起自东南；另一个来源是起于西北。在这两个地区里，不但戏剧起源得早，而且若干年来，戏剧事业一直在很盛旺地发展着。其间很有些戏班，因为处在交通不便的城镇中，和外间少接触，因而比较多地保存下不少旧有的技术，或许正是大家认为已然失去的。这种情形，尤以西北为多。我们首先从西北开始工作，其原因便在此。

我们是十一月九日到达西安的。路途中曾在洛阳停留了一天。在那里看了一次曲子戏，表演得很不错；但更值得记载的，是他们的生活方式。这剧团名叫“农民剧团”，名副其实的全体演员都是以务农为本业。在秋收之后，来年的春耕以前，他们组成剧团来演戏。不单是演戏，他们还有一个临时的制鞋工厂。演员不上场时，便参加工作。那天的戏是《四进士》，当万氏救杨素贞时，我们到后台去参观。演杨春的那位演员，正在和许多同伴做鞋底子。这种精神是很可佩服的。

到了西安以后，除去演戏和酬应以外，大部分的时间都是在做调查研究工作。西安的戏剧材料太丰富了。我们的准备太不充足，工具缺乏，工作人员也不敷分配，所以只记录下总的纲领和部分的主要材料，其余的只好等第二次准备充足了再去完成了。本来这次我们还计划到青海、新疆去研究各民族的戏剧乐舞，这一来也改列在一九五〇年的行程之中了。西北的戏剧，主要的是秦腔。提起秦腔，不由得使人联想到魏长生。魏长生所演的秦腔是什么样子？我们不曾看见过。但从《燕兰小谱》一类的书上看来，可以断定其唱法是很低柔的。现在的秦腔，唱起来却很粗豪，似乎不是当年魏长生所演的一类。起初我们还只是这样测想，后来无意中在残破的梨园庙里发现了几块石刻，从上面所载的文字中，得到了一点证明材料。这在中国戏剧史上，可以说是一个有趣的发现。

现今的秦腔，在西北很盛行。据说一共有百多个戏班，在西北各城市村镇巡回演唱。假如此话不虚，倒是值得注意的。秦腔的唱法，近似京剧的西皮，但比较复杂。服装、化装、做功、把子，也另有途径。可惜西安各班，近年来多京剧化了，要看明他的真正本来面目，还需要到各偏僻的地方去搜求一下。这次我们看见汉中洋县出品的戏剧泥人像，还保存着秦腔旧来的化装和盔头形式，很有些特异的样子。

秦腔之外，还有一种眉户戏。有曲牌，有套数，形式很像南北曲，这种戏不仅是陕西有，山西也有。河南的南阳曲子，实也是同源而异流的东西。北京的单弦也是从这里传过来的，不过声调因各地四声之不同而互有歧异罢了。牌名有时也互不相同。例如山陕的《山茶花》，实即北京单弦的“南锣北鼓”；山陕的“缸调”，似即北京单弦的“赐儿山”，又名“云苏调”“高昌调”。所以称为“缸调”，也许是由于《锯大缸》用这调的原故吧。

西北的灯影戏种类很多，有遏工灯影、碗碗灯影、道情灯影、拍板灯影各样各色，其中以遏工最高妙，现在已然不得看见了。其次则数“碗碗”。“碗碗”的特点是以一个演员来担任全部角色。这次我们看到的一位老演员，艺名叫作一杆旗，现已七十多岁，听他生旦净丑出自一人口中，如果不去后台一看，决不会相信的。并且他除了唱白以外，还兼管着一两种乐器。

西北的灯影和滦州影不同。最使人容易见到的有两点：一、西北皮影材料不用驴皮而用牛皮。二、滦州影人在幕上永远使人觉得是平面的；西北碗碗，有时竟能使人感觉是立体的。

灯影以外，还有傀儡戏。杖头傀儡比较普通，和北京宫戏相似。提线傀儡很特别，它所用的偶人，是一个平面的纸板，上面稍加一层棉花，再蒙以布，彩绘而成。这形式只南洋一带曾见过，不想中国也有。

灯影戏、傀儡戏，假使加以改良，编些内容好的剧本，利用它们携带方便、用人不多的特点，组织一些巡回演出队，分赴各小乡镇去演，倒是一种很好的教育工具。

本地戏剧以外，外来的戏剧能在西北立足，也有好些种。如京剧、评戏、河南梆子、洛阳曲子、山西南路梆子，都有很多的观众。此外还有一种汉二黄，但和湖北的汉调颇不相同；和京剧反极近似。还有一种花鼓戏，来自安徽，昔年都曾盛极一时，只在陕南尚存了。

西安的戏剧演员，各有所属的固定团体，不像北京之散漫。所以排演新戏很容易。解放以后，各班竞排新本。《红娘子》《鱼腹山》《穷人恨》都很快地就上演了。据调查排演《红娘子》的有六家，一共演了一百三十六场。西北平剧院演出的还不在内。《鱼腹山》演出了六十三场，《刘胡兰》《王贵与李香香》也都改编为旧剧上演了。此外以排演新剧出名的易俗社，也自己编演了好几种新戏，《林冲雪夜歼仇记》《陆文龙》《祥梅寺》等。豫剧狮吼剧团编演了《再生铁》，颇受欢迎。

西北平剧院除常常演出《红娘子》和《北京四十天》以外，最近又演出了王以达所作的《武大郎之死》，写西门庆之倚财仗势，为潘金莲做翻案文章。此外还有石天写的一本《从开封到洛阳》，尚未演出。

目前西北各剧团，最感困难的一个问题便是剧本缺乏。回到北京以后，此间也均有同感。这层困难，是必须早日克服的。昨日（二月七日）全国文联会议中，关于全国文联一九五〇年工作任务，首先提到组织剧作；并给予文艺工作者以完成其创作所必须和可能有的协助。是的，这一步是很要紧的，据我见到的，剧本之缺乏，是由于太缺少专门写剧本的人。专门写剧本的人为什么缺乏？其原因有二：第一，许多人因为探索不到主题而在观望、等待。这一点应该由文联方面设法多拟出些主题来做一番启发的工作。第二，写剧本的人，是必须规定其应得报酬的方式和数量的。因为这样才可以使一些对于写剧有兴趣的人，敢于舍掉本来的职业以编剧来做职业。

西北方面的群众，对于京剧也是很爱好的。但当地的京班，水准都太低，角色也不齐全。支持局面，全仗西北平剧院了。但平剧院最近就调往西南去，京剧的阵容便空虚了。西北文化部方面，拟定在戏曲改进处下设立一个戏剧学校，内里也有京剧一科，同时还要组织一两个京剧实验剧团，巡回到西北各地上演具有新内容的剧本。因为那方面人事不敷分配，恰巧我们正在西安，便把这两件事委托我们来帮忙。我们为求戏曲改进工作在西北也早日活跃起来，完全答应了。不久我们还要回到西安去。

但是我们很顾虑到自己的能力不足，所以很盼望各方面时常对我们指导扶持。全国文联一九五〇年工作任务中，提到要有系统地了解各地情况搜集材料，建立经常通信关系；要召开全国文联工作会议一次，主要为了解情况，交流经验，有系统地解决全国范围内普及与提高的正确关系问题；要推动各地成立戏曲改进的组织，团结广大旧艺人自觉地积极地进行戏曲改革工作。我们希望这些都快早实现。并且希望有一个全国性的关于戏曲改进的杂志出现。

一九五〇年，是我们应该开始努力前进的时候了。

（《人民日报》，一九五〇年二月二十五日）

从青岛到帕米尔

——《全国旅行散记》之第一章

引　子

中国的各种戏曲音乐，无一不是生长在民间的，及至枝繁叶茂之后，有的便不免遭到旧日统治阶级的播弄，因而失掉了其真率活泼的本质，脱离了广大群众的情感。

但是，像一株大树一样，有时受到毁坏的只是一两个枝子，而其他的枝子，依然联系着根干，始终在自由地生长着，这些，就是我们民族真正的艺术遗产，建设新中国的戏曲音乐，是要以这些遗产为基础的。

不过，我们的遗产究竟有多少？都在什么地方？怎么样的发生和构成？如何的组织和进展？过去人们对它一向不加重视，始终还没有一个有系统的调查和整理。今年春间，偶然和文化部周扬副部长谈到此事，他问我们有何计划。我们便把所想到的，写成一份草案。这草案曾发表在《人民日报》副刊中，以后各家刊物也多有转载，但是粗略得很，必须好好加以补充和修正，才可以付诸实施。

如何补充修正呢？当然，各方面的指教是最要紧的，可是我们自己，也需要去做一番实地校正的工作。于是在今年四月底，我们开始了一个全国旅行的计划，去为正式调查工作，作一个前哨的探路工作。

我们出发，先到的是青岛，由青岛又走了山东境内的几个地方，然后一直去西北，最远到了帕米尔高原的喀什噶尔，回来又绕道去了一趟青海，十一月底回到北京，前后费去的时间，整整是七个月。

承各方友好多方相助，得到很丰富的见闻，这真是我们始料所不及的。除将所得搜集整理成为报告书一卷以外，其零星材料，及无关戏曲音乐的见闻，另成一帙，暂名曰《全国旅行散记》。今后我们仍将继续出发，故又将此次所记，列为第一章，取起讫两地之名，题曰“从青岛到帕米尔”。

喀什噶尔

喀什噶尔俗称作喀什，或以为是简称，其实不然，喀什一名是从梵文译来，喀什噶尔则是从阿拉伯文译来。喀字译作哈。新疆境内，凡K音字皆译作H音字，几乎已是一个固定的规律。

喀什噶尔的位置，往西说是帕米尔高原的东麓，往东说是塔里木大沙漠的西端，从汉到唐，都属疏勒国，《大唐西域记》所提到的佉沙国，也即此地。现在这地方有两个城，一个是汉城，沿用着疏勒古名；一个是回城，称曰疏附。两城的距离约八公里，但因居民稠密而城池窄小，所以中间一段，也不是冷落区域。

居民有四五十万人，以维吾尔族最多，其次凡在新疆境内的各民族，除蒙古族外，差不多都有一部分人在那里，又因为离国境很近，来自中东、近东、印度、欧洲各地的商人，也常常出现于街市上。

房屋建筑，很多已采用西式。旧式的房屋则多用土坯砌成，门窗都很小，光线也不充足，房顶平坦，大半都留一个烟囱式的天窗。有时也有楼，但都很简单，好在那地方雨量很少，否则是相当危险的。

讲究一点的住宅，多半都有果园，种着各样的果树。水的来源，多靠昆仑山深处常年化不完的冰雪，化了流下来成为河，河又分作许多的小渠，走向每条大街，每个小巷，经过每家的门前。如果你有院子，很简单地便可以引进一个水池来。

商业集中的市场，维语叫作“巴扎儿”，以回城中心区的最为繁盛，纵横几条街，商店一家挨一家，很整齐而有次序。每种商店，都特聚在一段落里。马路旁边，也有些摊贩和流动商贩。每星期有一天是集，赶集的这天，四乡八镇的人们都到集上来做买卖，人山人海，简直是拥挤不动。据说这才是真正的“巴扎儿”。

喀什噶尔居民服装时髦者多着西装，一般以维吾尔式最普通，男人穿一件像是西装大衣的衣服，可是道袍式的领子，名叫“袷袢”，脚穿长筒皮靴或浅帮皮鞋，样子像是小船，间或也有赤着脚的。女人则穿像西装而肥袖的衣服，外加一件花背心，也是皮靴或鞋，头上蒙以白巾，前面加一深色的纱帘，使人看不见她的面貌。绣花小帽，是男女都喜欢戴的，五光十色，很是好看，讲究的价值十几块天罡（当时新疆的货币名），合人民币三十多万。男女式样相同，只是男的深一点，女的浅一点。有些男人，则终年戴皮帽子。阿訇们头上缠布，布是白色的。

街市上有饭馆、理发店、浴室，都相当整洁。浴室里面也分官盆池塘，也有搓背等等技术，但修脚的工具和手法，似较雄壮些。另有单为伊斯兰教徒设立的浴室，非教徒是不可以去的。

树木多，风景很优美，人民也极聪俊。旧社会在开始转变中，文化教育事业，也极力向普及和提高的路上走。将来交通问题再一解决，这地方一定会成为西部一个重要城市的。

喀什的文艺情况

喀什的文艺活动，也可以举维吾尔族的来做代表，其余各民族，因为在此人数较少，文艺活动是比较少的。

早年维吾尔族无戏剧，据新盟剧团团长若贺曼江同志讲：十几年前，每年有苏联乌兹别克斯坦的剧团来表演，维吾尔族才受影响而自行组织剧团。起始加入的只是学校的教员和学生，并且仅有男演员，没有女演员，以后渐渐发展，一切条件都具备了。伊犁地方比较喀什早些的。随后也陆续出来几个作家，作出许多很好的剧本。戏剧的形式，有歌剧也有话剧。在招待晚会中，我们看过两次。一次是新盟剧团演出的歌剧《阿里璞赛乃木》，剧情是一个古代恋爱故事，早年以长诗的形式，盛传在民间。他们演剧的技术很好，布景灯光，也很讲究。最使我们惊讶的，是真马上台，一队有七八匹之多，但马训练得很好，在台上很能指挥如意。喀什新盟会的舞台建筑得很讲究，台上有转盘，进深面宽都很大，场内也很宽阔，没有楼，也能容三千左右的观众。他们演剧，还有一样特别的事，每个演员，在说唱的时候，手里都拿一个麦克风。

第二次是苏侨会，演出一个话剧，剧情是：一个财迷，想组剧团来赚钱，找来一个少年做助手，这少年本来已同财迷的女儿订了婚，但家境很穷，知道一定不为岳父欢喜，所以不敢露面。在组织剧团时，建议要有一个女演员，财迷不肯出钱，但又不愿让他女儿担任，怕是和少年发生恋爱，结果只好自己演女角，闹出不少笑话。后来他们又练习歌舞，在财迷不注意的时候，他女儿蒙着面纱出来，及至看见，问是什么人，少年回答说是外来的一个义务参加的，财迷很高兴，少年提出和这女人订婚，他便很高兴地赞成了。这是一个滑稽戏，但演技相当纯熟，演员大部分是乌兹别克斯坦的侨民。

维吾尔族的绘画，是那曼汉同志讲说给我们的。他说维吾尔族的绘画，特点是多以自然环境为主题，一般多作油画，可是油彩来源很困难，在材料缺乏时，便多以水彩代替，但依然用油画的方法来运用。我们在新盟会看见展览的几幅画，画的是农村生活，相当不坏。

维吾尔族人民，是富有文学天才的，故历来文学作品很丰富。但早年因为印刷事业不发达，多是沿用游牧生活的方法，用口相传。近些年，渐渐已用文字记录下来，出版的已有不少，现在正准备选一批最精彩的作品译成汉文，不久便可以实现。维吾尔族近来出现不少青年作家，像孜牙色买提（剧作家）、木力乃天（诗人）、祖隆哈的尔、玉素甫伯克、艾沙尔，都是具有相当盛誉的。

维吾尔族文艺最发达的是音乐和跳舞。他们日常生活，常和乐舞相伴，人们常常在家里举行歌舞会，维语叫作“维朗”，比西洋的交际舞尤为普遍。在饭馆里，也多有几位音乐师在奏乐唱歌，吃饭的人，一边吃一边听，高兴的时候，放下碗也参加进去。

维吾尔族音乐歌舞，流行的一般只是些简单的民间形式，所以很普遍。但民间形式中，也有很复杂的，在迪化时，我们听说到维吾尔族乐曲中有十二套大曲，每套中又分四段至七八段，每段中又分多少节，情形很像是隋唐时候由西域传来的大曲。可是已然很少有人会了。伊犁有位音乐家，会到九套，据称是最多的；但是在喀什，还更有一位硕果仅存的老先生，名叫哈西木，不但他也会，而且十二套完全都会。经我们发现之后，向他请教，承他把大曲的结构讲解给我们，并择最精彩的奏给我们听，一套所需的时间，平均总在两小时以上，其中千变万化，真使人惊叹不已。现在我们已经建议新疆分局，把这位老音乐家接到迪化，不久或可能来北京各地一行，想大家一定可能有一听再听的机会。

神行太保

《水浒传》里有一个神行太保戴宗，书中说他腿上缚两张甲马，便能行走如飞，一日千里。这当然是一种妄谈。不料在喀什居然听说有类似如此的一个人。据说，这人是一个维吾尔族同胞，现在已经五十多岁。他的特长，便是能走，可并不需要什么甲马，但千里一日，他也难以做到。在南疆驻防的某军，把他聘请了来，使他担任送递紧急公文的职务，现在随着修公路的部队到昆仑山里去了，遇有要事，便让他回喀什报告。从那地方到喀什，汽车要走两天，他却一夜便可到达。算计起来，千里是谈不到，三四百里，或不成问题的。

在科学昌明的时代，能认为这是一种神奇吗？不是的。原来在帕米尔一带，是有这样一种技术的，但也是要经过相当的训练，才可以成功。明初陈诚、李暹作的《西域番国志》一书里，有这样一段记载。哈烈国，有善走者，一日可行三二百里，举足轻便，疾于马驰，然非生而善走，乃自幼习学而能，凡官府有紧急事务，则令其持箭而走报，以示急切。常腰挂小铃，手持骨朵，其去如飞。哈烈国在撒马儿干之西南，按现在地方，即是帕米尔高原的西南部。书中记哈烈国风土人情，和现在的喀什相像的地方很多，这善走之人，当也同一情形。但不知是否还可以多找到几个。

唐人小说里常提到昆仑，说这种人能行走如飞，近些年考据家多以为是南海昆仑洋一带的人；曾有不少研究此事的文章。现在看来，所谓昆仑，恐怕还是指昆仑山而言的。

喀什噶尔的特产

喀什噶尔一带，虽然左边是沙漠，右边是荒山，但水草丰美，丛林茂密，不仅宜于农稼，果品产量也很丰富，并且品种奇特，多是他处未有的。

提起葡萄，当然以吐鲁番为最。但喀什所产也称上品，其特点是软中带液，颜色绿中带浅紫色，果大于平常葡萄，密接而生，有似谷穗，除生食及制干外，用以酿酒，其味绝美。巴达杏仁常是席间待客珍品，其出产地是巴达克山附近，形似桃核，但较瘦长。南疆桃杏相混，是内地所未曾或见的。杏核像桃核，已如上述，而称为桃的果子，猛然看去，却容易误会是杏，形圆而小，顶上无尖，皮薄而易剥落，水很多，味很甜美。

梅子产量也很多，色黑紫，大小及形状都像小枣。此处不产枣，但另有一种枣，颜色深黄，果肉多作粉粒状，没有汁液，味道甘甜，名叫沙枣，可以代作食粮，土名又称香妃枣，相传香妃当年最喜吃此物。

无花果遍地皆是，果子很大，颜色正黄，果熟后微压使扁，装筐出售，沿街多是。我们到喀什时，正值无花果大熟时候，零售每元新币（合人民币四百五十元）四个。买时用无花果叶托垫，内地人看去很容易误为炸糕。

工艺品以小刀最佳，柄用五色牛羊骨镶，十分美观，钢精刃利，有直锋、卷锋、折叠种种式样。出产地在英吉沙，在喀什噶尔之南。该地有铁矿，故锻冶技术很精。据闻小刀之外，也还有战斗用的刀剑，更为锋利，柔软可弯曲，佩带者可以像腰带般围在腰里。

香　妃

香妃故事内地一向很盛传。北京有望乡楼古迹，故宫博物院藏有郎世宁所画香妃戎装像，这都是大家很普遍知道的。喀什噶尔是香妃的故乡。在疏附城南有香妃坟墓，建筑很宏伟，墙壁都用瓷砖镶嵌，五光十色，颇为美丽。花纹也很别致，并且差不多每砖都有特殊花纹，和阗织毯工厂，多到此地来摹取图样作为图案。香妃坟墓在室内，但室内坟墓很多，在右后方一角上，有大小几个坟，据说乃是香妃一家葬处，其中一个较小的坟台，前面有阿拉伯文磁碑，便是香妃埋骨之所。右前方有一乘轿子，旁边放着十几面旗子，据说乃是运送香妃遗体回来所用的棺罩和仪仗。

在香妃墓室的左边，也有一个类似的建筑，据说是香妃生时自己所建的墓室，确否需待考证。在此室的前边，又是一座建筑，乃是建筑师名雅忽小拜克的墓室，这位建筑师是香妃墓室的建筑设计人。

现在的香妃墓，是由一个阿訇来管理，维吾尔族人民称此墓曰香娘娘庙，常常有人来展拜祈祷求福。来展拜的人，照例献一只羊角作为供礼，墓室侧边，羊角堆积，渐渐便成了一座小山模样。

墓室的两边，有暗梯可以盘旋着上到室顶上去，在顶子上可以望见喀什全景。墓室四角各有角楼一座，顶圆而有尖，室的中部，形状也一样，但较比很大，前几年，中部的顶子塌下，至今未能修复，本来墓室里光线是很暗的，这一来却很明亮了。

香妃的家族，有一部分住在北京，这可能也是当年一同被掳来的。民初时候，有一支回到喀什，曾为墓权和当地遗族发生争执，涉讼很久，谢彬《新疆游记》里详记此事。

香妃被掳来北京时，一同还有几位音乐师。民国二十三年（一九三四年）时，我们组织中国戏曲音乐博物馆，有一位马先生，自称是一位乐师的后裔，把他祖传的两件乐器，让给我们。这两件乐器，一件形状好似北印度的萨朗济，现在维吾尔族音乐中已不见用，新疆包尔汉主席说，这乐器的名称大概是叫作格尔加克，在巴楚、麦盖提等处，或还有人用它。第二件名叫若哇普，现在在南疆尚比较通用，但现在用的或是五根弦，或是两根弦，旧日的式样却有六个轴，当然是六根弦了。

耿恭台

在疏附城东北，有地名耿恭台，是一所楼房，建筑在一个高坡上，要走几十级土阶级才上得去，现在已空无人居，原来建筑也只剩下一座空架，门窗户槺一概不见。建筑式样，完全内地风格，正楼梁上有一行字写道："光绪二十三年特用府在任候补直隶州知疏附县事湘乡刘兆松重修"，但何时原修已无记载。楼下设耿恭像和班超像，均已倾圮，只留两片木牌位，散放在院中瓦堆里。

坡下有一方池，池水很清冽，其源出于地下泉，相传是耿恭兵败被困时所凿，为当地一有名古迹。

在塔里木戈壁上

天山南北，各山多是易于风解的岩石，岩石被风解之后，变成碎块，落到山前，再遇到风解，产生出很多的石屑，被风吹到离山更远的地方，聚集既多，便成沙漠，而留在近山的石块，称曰戈壁。

塔里木沙漠，幅员是相当广大的，如果移到内地，足可以抵得三个较大的省份，围绕在沙漠四周的戈壁，其总的长度至少在三千公里以上。

从阿克苏到喀什噶尔，是塔里木迤北公路中最长的段落，前些年是五五〇公里，近来把中间一节取直，不再经过巴楚，缩减到五百公里以内。从阿克苏动身，出南门转向西南方行，四望树木林立，农田相接，一处一处的村庄，夹杂着一座一座的果园，所谓塞外江南，阿克苏是可以首当之而无愧的。走过几条河，转过几重高岗，景物便完全异样了，四面毫无阻拦，我们可以任意往远处眺望，可是，任凭你望断天涯，所见到的无非是枯山、积石、黄沙、荒草，像图案画一样，重复地排列着。烈日当空，狂风扑面，行人必须多带水和瓜果，因为前去有四百多公里没有一条河渠，在这种环境中，吃饭倒觉得是小事，惟有渴是可以致人死命的。

在离开绿野不远的地方，有一个小村落名叫皇宫，只有十几户维吾尔族居民，但四外还有不少房屋的废基，证明这地方在过去曾经比较繁华。我们在这里打尖，居然还喝到甜水，吃到煮面条。遍地是牛马粪，就在这上面铺一张毯子，作为临时的床榻和餐桌。村中的牲口多不系着，牛羊驴马几次成群结队地前来，企图作我们的席上嘉宾。

这天夜晚，我们露宿在戈壁上，一轮明月，万籁无声，起初沙石尚热，辗转难眠，午夜以后，凉风习习，顿觉心清气爽，悠悠入梦，不知东方之既白了。

第二天继续前进，走不多远，汽车便抛锚。汽车抛锚，在戈壁滩上是常事，曾有人改唐诗云：“一去二三里，抛锚四五回，修理六七次，八九十人推。”

汽车修理了很长时间，我们在道旁无聊地等候着。忽然一位老者从远方走来，手里提着一只大葫芦，看服装和面貌，绝对是维吾尔族人，但一开口，却说得很好一口汉话。他说是给我们送饮水来的。葫芦里的水却很苦涩，勉强喝了一口，只好放下，老人微笑地劝告我们道，这是今天路程中唯一的井水，此处不喝，只怕再无处寻觅了。我们听了，不由得心中一惊，但倚仗所带的饮料和瓜果相当丰富，终于婉谢了。

这位老人一生曾到过很多的地方。他的名字叫作五奢儿阿洪，原是巴楚人，少年时候住在喀什。喀什有位姓李的道台，是李邦杰的儿子。老百姓都称李邦杰为“爵爷”，因此这位道台，大家便通以“李三少爷”称之。民国初年，“李三少爷”回转家乡，雇他的车和牲口，运送行李家眷，他也贪图到内地做些买卖，便赶了七辆大车、十五匹牲口一直去到湖南。在湖南一住七年，赔累不堪，车也卖光了，牲口也死光了。“李三少爷”送他一匹马、七十两银子，他才得策马而归，行至兰州，又住了六年，仍返回巴楚。他到湖南的时候是二十一岁，如今是六十七了。他现有一个老伴、两个儿子，主要职业是在唐王城种地，在公路旁盖了一间小屋，有一眼苦水井，招待来往行人。唐王城在此西南约五十里，属巴楚县，早年是个繁华城市，后来荒废了，最近才有些维吾尔族人去作复兴的工作，现在居民已有一百五十余家。

从老人口中，得到一件很重要的材料，据他说，在他幼年时候，常常在喀什、阿克苏各地看到汉族的戏剧，说起来好像他还很懂门道。他并且还说，在他父亲祖父时候，汉族戏剧已在新疆流行了。这话不会假，那么这是要在中国戏剧史上特别加以记载的。在喀什时看维吾尔族所演的《赛乃木》一剧，其中有一场的技巧，完全就像《打渔杀家》；又一场中的武将，还穿着像旧剧扎靠装束的下甲，可是我们请问导演人，导演人并没说出所以然。在焉耆时，听说和阗有一个维吾尔族人，会做打鼓佬，而且是梆乱不挡。在迪化时，名演员赵德风也说他曾到南疆各地演过戏。在内地总以为旧戏到塞外也许便吃不开，不想早已有过相当根基了。

从此再往西行，地势渐高，到最高处是一个三岔路口，一道是去巴楚的旧路，一道是去喀什的新路。此处新设一招待站，盖有一所房屋，但不常有人在，院中有一口井，井不通泉，其中的水，乃是从几十里外用羊皮袋盛装使小驴子驮来反灌进去的，天气热，水在羊皮袋里已然发酵，再在井里一捂，竟变得有些阿摩尼亚味道。在这时候，瓜已不能解决渴的问题，因为新疆瓜太甜，甜东西在渴极时候是愈吃愈渴的，如果有一只不甜的瓜，大家或还感觉到欢迎。我们车上还剩一桶好水，灼了些野柴，煮了让大家吃，水开了，大家一拥而上，有几位忘了水是热的，伸手便进桶去舀，一下把手都烫坏了。

过此又是很长的像图案画一样的戈壁，又走了约近二百公里，才见到水草，地名叫作八盘水磨，有一股时隐时见的流水，渠旁有一个池塘，作为存水之用，我们在此取水，吃、喝、洗脸。道旁有一座大车店似的旅馆。这天晚上便宿在这里。屋里没地方，只能睡在院里露天地下。院中有些牲口，也都不系着，躺在地下，真怕马踏成泥。多吃几个瓜，把瓜皮扔远点，它们便都去聚餐不再来搅我们了。第二天一早起来，到池塘去取水洗脸，才发现：这个池塘在本地人，原来是兼作澡盆用的。

再走四五个小时，转过几重小山，到一名叫好汉庄的地方，喀什便在望了。

阿克苏与温宿

阿克苏与温宿，相隔十几里，也是一个汉城一个回城。

由东边来，快到温宿时候，有一带沙窝（即一种小型的沙漠，细沙约一尺至三五尺深），风起处，黄烟弥漫，日色无光，甚至伸手不见五指。过了沙窝，越过几重小岗，沙风渐小。有一带维民坟墓，大小累累，不计其数。坟的形式，一般多是一个长形的土台，讲究的则加以亭阁式的建筑。再往前行，是一带土坟。公路忽然下降，如入地穴。过此夹道树木渐多，便到温宿。

自温宿西行，四望尽是绿野，将近阿克苏时，道左忽见土崖，陡直如墙壁，高数丈、十数丈不齐，崖下流水潺潺，灌溉着不少稻田，道右更是阡陌相连，杳无边际。阿克苏一带，以产米著名，稻米、糯米品质都很优良。有一种稻米，色带微红，有香味，最为名贵，清乾隆间曾移种到北京西郊。但产量不多，二十余年前，尚可在北京市上油盐店中买到，像挂面似的圆筒包装着，以后便不见了。

阿克苏地方，与喀什有些不同，女人虽然也戴头纱，可是很少见到面帘。还有女人完全穿着西装的，在南疆也只有这里比较多见到。阿克苏的儿童也很活泼。在城外一道大河的桥下，有一群儿童在游泳，水势很急，但他们却能应付裕如。最精彩的是他们的跳水表演，从桥栏上往下跳，离水面两三丈高，一个不过七八岁的孩子直立着跳下，一连几十次，满不含糊。

阿克苏的果产也很多，最有名的是林檎，北京称为虎拉车的便是阿克苏所产，果肉是粉红色的，味道没什么两样。城外四周，大小果园一家挨着一家。我们到城南一家去参观，是在一个住宅的角门里，地方约有五六亩，一进门是很长的一道葫芦架，过了葫芦架，便是果林了。大部分是林檎。间也有些桃子之类。中央有一个平坦的土台，是预备宴会歌舞用的，四外水渠围绕，水里满是落下的果子。此地虽然果产很盛，但对于园艺技术是很幼稚的，不懂得剪枝，不懂得防虫，所以每年糟蹋的果子很多。我们出新币一元向园主买果子吃，他们把落下的拣了一大筐，让我们吃着，随后又在树上摘了四五十个。在市上商店中的零售价，当时是一元二十五至三十个。

此地新盟会也有一个很大的会堂，也有一个歌舞团的组织。男女团员，约有四五十人。我们到团里访问了一次，得到不少见闻，承他们表演了几段精彩歌舞，晚间又在晚会里参加了几项节目。

最奇怪的是他们伴舞的乐曲之中，有一段很像内地流行的调子，仔细一打听，果不其然。据说这调子名叫“夜来香”，什么时候传过去的，不得而知了。在喀什时，哈西木也会不少内地调子，还有韦文元同志，他会唱一种“采花调”，据他说，是在新疆所听会的。但这调子实际是山东潍县的特产，春间在潍县时，我们曾经听到，据当地人称曰潍县秧歌。

天才的音乐家

天才的艺术家，往往不为环境所限制，有时因为环境的限制，反倒使他有所创造和发明。

在山东潍县时，见到几位失目的先生，常年倚靠走街串巷，卖唱为生，但他们所唱的，不是词曲而是清音戏剧。是戏剧便要有场面，他们一组只有四个人。应用的乐器有三弦、提琴、月琴、唢呐、梆子、檀板、皮锣（即单皮）、手锣等，携带起来，很不方便，于是想出一个法子，把檀板和皮锣不要，用一支鼓箭子和一块竹板来代替。竹板是一节长约七八寸、口径三寸左右的竹筒子，三开而制成，一端有节，用箭子敲打有节的一头的断面，宛然是檀板的声音，用箭子立戳竹板的正面，宛然又是皮锣的声音。这样一来，使他们每日出来，负担减轻了好多。

还有一位演唱潍县大鼓的，也是一位失目先生，演唱时候要一人操三弦，一人司唱兼操鼓板，但潍县大鼓近些年来很没落，会的只有他一个人了，一个人是无法同时兼管三弦鼓板和唱的，可是他却一个人完全应付下来。他把板缚在左腿迎面骨上，坐时脚尖着地，只消脚后跟一抬一落，板便敲打起来了。左右两手按弹三弦，面前放好鼓架子，把鼓箭子夹在右手食指和中指之间，这样使右手同时兼顾到弹三弦和打鼓。有时三弦和鼓需要一样的节奏，还没有什么，在只弹不打或只打不弹的时候，也没有什么，在也弹也打而两者互有出入的时候，则见出难能和功夫了。

西行到阿克苏，有一天到南门外去观看近郊景物，在离城不远的地方，有一带住宅区，紧沿着大道左边，居民都是维吾尔人。南疆气候多暖，居民日常生活，多喜欢在门外或屋顶上。有一家的门前种着几棵柳树，在柳阴之下，有几个女人在纺纱。其中一架纺车，像是出了什么毛病，不住地有吱吱呀呀的声音，但吱吱呀呀之中，又好像是有顿挫节奏。我们并没注意地走了过去，走不几步远，吱呀的声音停止了，接着便是旁边女伴们的一阵欢笑和说话。同来的韦文元同志，是我们一群中惟一懂得维吾尔语言的，他忽然跳起来，好像发现了什么奇怪事情似的告诉我们说，方才那个女人，是用纺车来奏音乐呢，现在她的同伴们要求她再来一个哩！

纺车又响了，果然是一个美妙的曲调。

新疆的葫芦

新疆各地，多喜欢种葫芦，葫芦产量之多，使我们感觉到十分惊讶。

从消费和生产的关系上看来，葫芦种植之多，当然是由于需要量多。是不是呢？是的，可是其需要在什么地方？很多是内地人不大容易想到的。

第一项用处，是用以舀水。内地也有这种器具，名叫瓢，但新疆的瓢却和内地的两样。内地的瓢是把一个葫芦立剖为两半来做成，新疆的瓢则不然，他们是在葫芦肚上开一个半月形状的孔，并且喜欢还用长柄的，有的在柄端打一个小洞，舀来的水，从这里注入壶或瓶里。为什么他们要这样做呢？也是环境使然。在新疆有些地方，水的来源是时有时无的，为免得发生水荒，便在渠边掘下一个池塘，水来时注满了，以备无水时取用。池塘的位置，任凭放在什么地方，人们取水都不会像我们从缸里取水那样方便的，若是用内地样式的瓢，只怕回到家中，水已洒掉一半，只有他们样式的瓢，才称得起因地制宜。

第二项用途，是用在一种仪式上。在阿拉伯历法的年节前四十五天，家家预备一个葫芦，挂在树枝上，葫芦里灌上油，点起来，诵经，大家围绕而拜。夜阑灯尽，把葫芦扯下来扔在地下，一齐上前，踏成粉碎，据说这样可以消灾除病。但有些古书上的记载，所说和而今多少有些异样，葫芦也挂，也点，也诵经，但并不踏碎，却是大家用箭去射。是的，如果最后是一踏，则似乎不必一定要高挂到树枝上，这一点多少还留着转变的痕迹。

第三项用途，是在音乐上。新疆各民族所使用的乐器，很多的保留着其起始是利用葫芦制作，都他尔、格尔加克、若哇普，乌孜别克族的乐器潭波尔（旧译丹不拉），哈萨克族的乐器琥珀思和东不拉第一二式，还有旧时称为回部乐器而今不见通用的拉巴卜，其形式完全就是一个单肚长柄的葫芦。虽然有的现在是用木或皮来制造了，可是为什么一定要如此的像似一只葫芦？也只有原始时以葫芦来制成，比较最解释得通。最明显的是唢呐，这原本是高昌（今吐鲁番）的一种乐器，其旧样式是用一块整木头，削成一个去掉下半截肚子的葫芦，现在在新疆还可以看到。其他如印度北宗乐器，像萨朗济、维拿，还有很多利用葫芦来做音箱，像旧式留声机的喇叭一样，安装在上，更可以见到葫芦对于葱岭四周各民族的音乐，是有如何深切关系的。

新疆的葫芦，平常多是单肚长柄的，短柄的也有，比较少见，有一种花皮的，好像虎皮宣纸，在浅色的地子上有深色的斑点，非常好看，但也不多见。双肚葫芦，比较最少，我们几次见到，都是在汉人区域里，也许这是内地传过去的？

柯尔克孜

柯尔克孜，也是居住新疆省内的兄弟民族之一，考其历史，即唐代所谓的黠戛斯，再往古说，便是坚昆。在坚昆时候，臣属于匈奴，在黠戛斯时，臣属于突厥。突厥衰落，黠戛斯汗独立，八四〇年，曾击败了回纥。但元以后中国史书便很少提到，直至清乾隆时，兵征天山南路，所谓布鲁特回部的便是。今译称柯尔克孜，或译作吉尔吉斯。

柯尔克孜和哈萨克是极相近的民族，风俗、习惯，甚至血统上也有很深的关系，现在其人民大部分居苏联，少部分在中国。按当时情形，共分左右两翼，左翼称“索耳”，右翼称“翁”，综合有十五部落：一、薄各；二、萨克巴克什；三、阿列克；四、别列克；五、迦耳旨；六、萨尔梅开；七、穷巴古斯；八、乞力克；九、托洛依；十、巴塞兹；十一、阿克局耳；十二、哈耳却；十三、薛以脱；十四、阿巴依耳达；十五、萨也克。

柯尔克孜族现在全部人口约一百多万人，居住在新疆境内的，不过六七万，分布在喀什区的乌恰、英吉沙、疏附、伽师；阿克苏区的阿合奇、乌什、温宿；伊犁区的特克斯、昭兰、伊宁、巩留；莎车区的莎车、叶城等地。此外和阗、焉耆、迪化各区，也有少数。他们多过着游牧式的生活，住着像蒙古包式的毡帐，但较多几道绊绳，夏天移入深山，逐水草而居，名曰“夏窝子”，冬天回到河流两侧或山阳之麓，名曰“冬窝子”。

因为他们过的还是游牧生活，所以对于牛羊是很重视的，比如见一个柯尔克孜人，若问他财产有多少，他绝不以金钱数目来告诉你，他告诉你的却是他有多少牛羊。他们居住的地方是高原，水源很缺乏，人和牲畜的饮水，全仗冬天的积雪，遇到天久不下雪的时候，他们便感觉到恐慌，立刻设法祈祷，祈祷方法，是宰上一只羊，诵经，大家环绕着敲鼓而舞作出驱逐的样子，意思是说天不下雪，乃是魔鬼作祟，这样一来，魔鬼便附在羊身上而被诛灭。和汉族祈雨的举动很近似，都是一种古代遗留下的风俗。当他们遇到有人生病时，也用这同样的方法。

柯尔克孜的语言叫“柯尔克孜语”，和哈萨克语相差极微。哈柯之间，文字语言是可以互通的。但同是柯尔克孜语之中，也还有几种不同的类别：一、托克马克，二、弗伦兹，三、塔利斯，四、尔干塔利斯，五、阿拉衣，六、喀喇库尔。

游牧生活，移徙无定，所以日常应用的很少有不便于携带的东西。书籍也是笨重物品之一，尤其是古代书籍，故此在游牧民族中，所有的记载，全部口传心记。柯尔克孜族也是如此，他们虽没有书，可是文学作品并不贫乏，种类有歌曲、故事、小说、格言、谣谚、谜语等，质量都很丰富。最称杰作的是英雄史诗，其代表作《马纳斯》是写柯尔克孜族历代民族英雄奋斗的事迹，全部是韵语，篇幅最初也还不算很长，代有增益，渐渐便成为鸿篇巨制了。现在听说已有苏联文艺工作者去作记录，写下来的一部分已有二十五万行，可是还不足全部的十分之一，据云，全部约有三百至四百万行的光景。其描写叙述均极生动、雄壮，深具草原特殊风味，故此有草原“依里亚特”的称号。

柯尔克孜的语言文字，并不像汉族一样多是单音的，但他们的韵文却完全是排偶式，也有五言、七言、八言之分，情形和哈萨克相同，详细的在哈萨克一节里另叙述。

龟兹古国

拜城和库车，位置在南疆的中部，为古代龟兹故址。从阿克苏东行拜城，快车要一天的途程，拜城到库车也需要半日。这一带最多奇山怪水，夹杂着历史遗迹，使人观之不尽。

在温宿和拜城交界处，有一道沙河，据传河水盛时，河身可以达到三公里之宽，但我们经过此地时，水却很少，看来不过一片浅滩而已。河上没有桥，行人车马多是涉流而渡。过河时要一鼓作气，中间不可稍停，因为河底都是很厚的流沙，稍一停留，便向下沉，陷进淤沙里去，是很难挣扎出来的。

河的东边是一带山谷，大小几千个丘陵，完全像是人工用石子和土砌成。石子各形各色，但无不锋棱磨尽，圆润光滑，想见在远古，这是一片海底。过此山谷不远，又是一重山谷，气势形状，都和前者不同，怪石兀立，色泽黯淡，假使神经衰弱，难免不看作精怪妖魔。这一带是产铜区，铜矿最佳的，含量达百分之七十。

再东行至察尔齐，是一个很热闹的集镇，当巴扎儿的日子，商贩云集，街道为之填塞，一般居民的服饰形貌，和各地维吾尔族无大差异，但在巴扎儿中所见，有些体格雄壮，面色红紫，穿深重颜色的衣服，戴皮帽子，好像蒙古人一般的男女，掺杂其间，这是居住存附近的柯尔克孜族。

从察尔齐到拜城，有好几条道路可通，沿途虽然也有零星的戈壁，但绿树清溪，不断在望。这一带是很好的农产区，我们曾参观了当地部队的生产成绩，有一尺多长的玉蜀黍，有小瓜似的辣椒。其他各种粮食，也都很丰富，只是不宜于豆类。蚕豆试种的结果，极其瘦小。当地居民，维吾尔族人占多数，他们对于农业，很是马马虎虎，春天耕种，秋天收割，如是而已，不懂什么锄草施肥，田地里乱草和庄稼互相竞争似的并长着。因为他们主要的食品，一部分靠着瓜果，瓜果产量非常之多，所以不大注意农田的收获了。有一个笑话说，只要有一条毯子，便可以解决大半年的生活，你可以搬到果树林子去住，饿了便吃果子，困了便在毯子上睡觉，有果子的季节，时间很长，所以大半年食住，都不成问题了。你如果再懒些，不妨把毯子铺在树底下，仰面张嘴等着，果子掉下来，会自动送到你的嘴里。这一带桑树也很多，养蚕事业也很兴盛，桑葚特别肥大，极甜，但味道有些古怪，好像在羊油里浸过，吃起来味同嚼蜡。

拜城人民很喜欢音乐，还有古龟兹遗风，饭馆茶楼间弹唱之声不绝。家家门前种些花草，有的还养两只白鹭，门里门外，跑来跑去，十分有趣。从拜城到库车，中间还要经过几重山谷，最可观赏的是盐水沟，峡中峰崖，经风解盐蚀，残剥如海绵形状。盐水沟东，是一带土峡，黄土层叠，仿佛是到了河南省西部。出了土峡，有一座烽火台，俗称炮台，建筑很古，相传是唐朝旧物。再走十余里，便是库车。

库车是古龟兹国的都城，而今是南疆一个工商业的重镇。据十年前的统计，全县共有人口十万余，可是工商业户便达一千七百六十三家。出产以皮革和皮毛最属大宗，除向外倾销，一部分也供给了本地手工业的原料。手工业中，制靴最为发达，有一条街上，一家挨一家都是皮靴作坊。据说全县共有二百来家之多。新疆各民族，多喜欢穿长筒皮靴，而以库车出品最名贵，最受欢迎。靴子的制法，是先做一木底帮和皮底，都用钉子钉在木底上，听说讲究的要用木钉，这样更坚固耐穿。皮靴多是黑色，也常涂以靴油，街市上也有擦皮靴的摊子。

库车所产的皮毛，以紫羔最称上品，轻柔细软、光滑润泽、驰名世界。紫羔最宜做帽子，故当地制帽业也很发达，样子大体上没什么特殊，但手工却相当精致。皮帽子是维吾尔族每个人所必须的，很多人一年四季总戴着。身穿单衣，头上戴皮帽，在我们的感觉中是有些吃不消的，他们却乐此不疲。有一次我们问一位维吾尔族朋友："总戴皮帽子，不觉头晕么？"回答得很有趣："不，特别是夏天，戴了可以免头痛，希望你们也试试。"

胰子也是库车名产，非常滑快，去油下泥，效力极高，只是味道不太好闻，洗过的衣服，有一股鱼腥气，经久不退。颜色是乳白的，制造时不用模子，以碗或碟子来替代，块大小不等，买卖时不论块而论斤。行销遍及全省，有时也输出到青海、甘肃。在巴扎儿中出售时，一车一车的列在道旁，初次看见，令人有莫名其妙之感。

库车的刀剪，还继承着龟兹的余风，锋锐和英吉沙产品不相上下。菜刀的形状，一如内地，但刀背前端，向上突出一方寸大小的小刃，是专用以劈骨头的，确属一种特产。

土地肥沃，粮米、蔬菜、瓜果，也极丰富。水渠纵横，风景优美，绿杨深处，不断传出环鼓弦管的声音。龟兹本是特长于音乐的，后周隋唐以来，曾在中国音乐史上发生了绝大的影响，但今时库车音乐，已和各地维吾尔族音乐，无多差异，哪是龟兹旧传？已不能有人道出，连苏祇婆的名字，也没人知晓了。我们在休息时间，听到隔壁一家有人在唱歌，歌调比较特殊些，写下来留作纪念吧。

西北汉语歌谣中有云：“吐鲁番的葡萄哈密瓜，库车的央哥子一枝花。”所谓“央哥子”，即是“少女”，因为库车的少女，在维吾尔族中是最以聪明秀丽见称的。“央哥子”一词来源，乃是一个维吾尔族字的译音，本意等于汉语中的“大嫂”，并不一定专用于少女。凡突厥语系的各种语言，多半都有这个字，译音也相差不远。据云匈奴皇后称为“阏氏”，也即此意，可是也有人说，因为匈奴皇后称“阏氏”，以后便渐渐地变为妇女广泛的尊称了。

想起了《西游记》

天山南北，有不少新奇的事物，使人会联想到《西游记》里的神话故事。

吐鲁番一带，是一片低洼的盆地，有的低于海洋平面，尚达二百八十多米。气候非常酷热，夏天烈日当空时候，都说墙上便可以烙饼的。有些山上的岩石，呈赤褐色，更增长了热的威力。吐鲁番迤东约二十公里，地名胜金口，有一座火山，常年冒着火，这是地下石油矿喷出的瓦斯在燃烧着。旧时这地方曾称曰“火州”，《西游记》里的火焰山，也就是指此而言了。

但是，这地方在冬天，也相当寒冷，最低的温度可以降到零下十度到二十度之间，不过冷的时间很短，春天一到，马上转热，三月半的天气，已近等于北京的夏天。人们多于住房之外，掘一深的地洞，作为纳凉的处所。

站在平地向四处高望，有座山头，却终年有化不尽的积雪，银峰层叠，真疑是置身幻景之中了。

瓦斯从地里冒出，长年地燃烧着。这样的地方，西北并不止一处，去迪化不远，水磨沟的附近，便也有一个，在一个洞旁，不很大，极像一只火炉，居民多利用做饭。维吾尔族较穷的家庭，女孩子们喜欢用大红的料子来做衣裳，穿一身大红，戴一顶红帽，在火泉旁边跑来跑去，不会使人想到《西游记》里的红孩儿么?

南疆有一种甲状腺肿大的流行病，很多人的项下生有一个大葫芦形的赘疣。当我们在察尔齐打尖喝茶的时候，卖水的老者便是这样，我们问他得病之由，他说这是水的毛病，喝这地方的水，便容易长出赘疣，吓得我们连忙把杯子放下。其实，由于水的原因是不错的，可是并没有“立竿见影”的危险。《西游记》的子母河故事，也许是从此演化而成的。

从伊犁到阿克苏，有一条山路，在天山深处，有一座苹果林，据专家研究，这座苹果林的年代，是在原始时期便有了的。林长一二百公里，每年开花两次，结果两次，夏果形长，冬果形圆，好像茄子的两种形态。果子熟后，只有鸟兽常来啄食，此外穿山的行人，偶然也取作路粮，可是消费量都很细微。地方荒僻，道途困难，也无人运往居民稠密的地方去销售。于是剩余的果子，每年落下来而堆积腐烂的，不计其数。果泥像酱一般，淌在山沟里，黏腻泞滑，有一尺多深。稀柿洞的故事，一定是起因于此。

游牧民族，都是分作若干部落，各部落有时互相攻杀，败者往往被戮甚惨。在他们的历史上常常说到，某某部落，因为战败，男人全被杀光，剩下一些女子，从别的部落又抢掠了些男人，作为丈夫，慢慢生聚，以得复兴云云。假使正碰巧唐僧取经，打此经过，不就演出女儿国的故事来了么？还有《西游记》里常说，一阵妖风，把人平空摄走，妖精是没有的，可是这种风却常见。吐鲁番附近的黑风洞，塔城以南的老风口，都是怪风出没的所在，石块会被吹得满天飞，车马行人，必须预为躲避，否则狭路相逢，便不知伊于胡底了。相传有一队骆驼，被风所扬，越过了阿尔泰山，虽属不经之谈，但多少也有几分根据。此外如蝎子蜘蛛，辗转相传，也会传成精怪的。我们在托克逊所见到的蝎子，便有北京的青头愣三四个大。迪化的蜘蛛，像一只小螃蟹，肚子有莲子大。据传天山里有车轮大的蜘蛛，确否待证。在南疆，有一位参加开荒去的战士，他告诉我们说，他曾在地里打死几个茶碗大小的蜘蛛。还有一种蜘蛛，非常细但毒性却很烈，人被所咬，会立刻疼痛得叫号起来，一直到死。不过这并不十分可怕，因为当地有一种草可以治，并且是马上见效的。

轮台焉耆之间（上）

轮台东距库车半日路程，也是历史上一个有名的地方，但现在的轮台，实包括汉朝时候轮台、乌垒、渠犁三国故址。沃野环绕，农业丰盛，小麦、棉花为大宗，胡桃、胡麻次之。工商业也相当发达。

由轮台东行，村庄渐密，四十五公里至阳霞，这是一个很美丽的集镇，树木众多，犹如一座大的花园。又三十五公里，地名策大雅，意思是毡帐篷，当年蒙古曾驻兵于此。又二十公里至野云沟，地方很小，但风景绝佳，尤其野云沟三字，是更使人神驰的。又四十五公里至库尔楚，这是一个蒙语的名字，意思是不祥和禁忌，因为地多古冢，水源稀少，景色枯燥惨淡，行人到此多病。又九十公里至库尔勒，地临孔雀河畔，清溪综错，绿树连绵，和库尔楚有霄壤之别了。其地以产梨著名，梨形似莱阳，但较小，品质则香美甘嫩，无与伦比。手工业中以木椅最为出色，有大小几种号码，形式却一样，可以折叠，材料是用胡桃木，加以精细的手工，玲珑可爱。现在这地方正在计划建设成为一个近代的城市，不久的将来，一定会一跃而为南疆的重心。

库尔勒迤东约八九公里，有一带险峻的山峡，孔雀河从峡中穿过，公路被夹在山水之间，最险要处，车不得方轨，马不能成列，唐人曾于此地建关，号曰“铁门”。汉朝时候的铁门关，在今葱岭以西。铁门关之东五六公里，地名他什店，在一个很高的山峰上有一座古墓，里面葬埋着一对为婚姻不得自由而双双殉情的青年男女：塔伊、祖哈儿；一个是焉耆王子，一个是龟兹公主。事情发生在一千多年以前，古迹传留到现在，故事是被人们像内地的《西厢记》一样盛传着，早年作成为长诗，最近搬上了舞台和银幕。“塔伊、祖哈儿”故事，虽然很有名于新疆的民间，可是我们若选择代表的作品，宁愿举“阿里璞赛乃木”故事为第一。事情也是在一千多年以前，伊拉克的一个国王，和他朝中的大臣指腹为婚。在国王心中，满算着是给自己生下的王子订下一个妃子，不料王妃生下来却是一个公主，这使国王心中已然很感扫兴。后来大臣也死去了，国王很有悔婚的意思，再经奸臣从旁怂恿，于是国王便下令把大臣之子阿里璞驱逐出境。当阿里璞被捆绑着送往国外时，打从皇宫墙下经过，公主赛乃木在楼上俯望痛哭，武士们在无情地威逼催赶，民众们在一旁愤慨激动，这是故事中最精彩的一段。过了一些时候，阿里璞偷偷跑回国来，半路上遇到一伙强盗，起始阿里璞的英勇，使强盗们莫可奈何，但终于因为人孤势单，遭遇了暗算。当强盗们把刀放在他的头上时，他诉说出心中的悲怨，强盗们大为感动，释放了他，并帮助他回到故国。阿里璞回来之后，偷偷进得皇宫去和赛乃木相会，这样过了两个星期，赛乃木的一个侍女爱上了阿里璞，被赛乃木知道了，加以斥责，侍女怀恨，便把秘密泄露给国王，国王闻听大怒，派武士去杀他们，幸亏有人报信，他们得以逃去。又过几年，有一天国王到山中去打猎，远远看到对面山上有一个女人，布裙荆钗，美丽无比，因起了爱慕之心，但追至对山，却又不见。这时，国王感觉到一种从来不曾经过的痛苦，派人四下搜寻，过了些时候，终于搜寻到了，可是仔细一看，原来却是他亲生的女儿，他惭愧，他悔恨，同时也了解觉悟了人间还有所谓爱情存在，于是赦免了阿里璞，并承认了他们的婚姻。

轮台焉耆之间（下）

在塔里木之东，另有一块较小的沙漠，名叫白龙堆，这名字一向是常见于诗人题咏的。在古代的西域行程中，由安西西行，无论是取道玉关或阳关，白龙堆总是必经之所，而成为关外第一个险恶去处。介乎两沙漠之间，却有一个很畅旺的河流，北源于博斯腾湖，南注入罗布诺尔（一称罗布泊），这便是上文所提到的孔雀河。南疆一带未来的新建设，这些水源是负担着很大的使命的，灌溉农田自不必说。铁门关一带，水势湍急，水力宏伟，用以发电，足可应南疆各地的一切需要。这些水中，并且都盛产鱼，湖水深处，大鱼有的达二百斤以上，现时附近居民，很多便依捕鱼为生。但鱼种需要有计划地培养和改良，捕鱼的技术，也需要输入新的工具和方法，经营得宜，一定是一宗很大的企业。

博斯腾湖，论者多以为即是《山海经》里所说的敦薨之薮，其水来自开都河，假使博斯腾湖确属敦薨之薮，那么开都河也就是敦薨河了，但现在并没有人还记得这样一个名称。开都的另外名字，却是叫作通天河。河身平阔，可以航行，不过很少有船；一只是当地驻军首长和战士们集体设计创制的汽艇“开都第一号”（这船经济简单，一具旧道济的发动机，配合上当地所出产的一些木料，居然一试成功）。我们承他们招待，很荣幸地试乘了这只汽艇。据驾驶的人告诉我们，以前也曾有人几次做过，所费数倍于此，但都失败了。“为什么说，现在较比更低的条件之下反会获得成功呢？”他们回答道：“这便是新社会所给予的力量了。”

焉耆城的位置，在开都河下游，紧挨着河的东岸，工商业发达，市面很繁盛。这一带有几种特产，一是干鱼，一是蘑菇，一是马。蘑菇不如口蘑味道之浓，但另有一种奇异的芳香，多产附近山中，每鲜蘑百斤，可得干蘑四十斤。马的体格，不如伊犁所产的高大，但驯良善走，是其特长，最高的产量，每年可有十万匹以上。

当地人钓鱼，不用渔竿，只是一条很长的绳子，拴上一只用纳鞋底的大针弯成的钩子，鱼饵多用羊肝，羊肉也可以，大块地挂在钩上，抛入水里，任其逐波而下。绳子像放风筝一般尽量纵去，等感觉到牵扯有力时，收了回来，便有一条鱼得到手中，这样钓来的鱼，多在三五斤左右一条，一个人在一上午的工夫，总可以有十几条的收获。如果希望多得，另有一种大量捕取的方法，有一种像茉莉花子似的东西，名叫醉鱼子，也是一种植物的种子。买上二两，再找些葫芦子、倭瓜子（或南瓜子）一同研碎，揉在和好的面里，搓成小球，撒在河湾深处。到下游去等候吧，过一个多钟头，水面上渐多漂浮起来的鱼，似醉如痴地顺流而走，大家跳进河里，手捉也可以，用口袋装更好，百八十条的成绩是不难达到的。好在河水不深，普通多在二三尺之间，不会水也可以下去走走，只是要留神水底的沙窝，不要陷下去，可是陷下去也没大的危险，不过拔腿出来要费点工夫，在第一次遇到时，不免吓一身冷汗。

旧剧在新疆

旧剧早已发展到新疆，这在前几节里已经谈过。在迪化时，我们曾见到几位久在新疆的演员，据他们说，此地的演员多半来自河南、河北，但很少是直接前来的，差不多都是唱一站，走一站，经过一个很长时候才到得口外，因此来了之后，便很少有人回去。来着困难，肯于前来的人便不多，所以这里的戏班子，总是感觉到人才缺乏，有时简直人位不够支配。戏院有卖瓜子、水果、纸烟的商人，听会了几口，便也常常被约上台去帮忙，在这里，内行和票友，一向是打成一片的。为了人位的补充，在民国初年，也曾办过两个科班，一个名吉利，一个名天利，都不久便停顿解散。此地戏的种类有：京剧、秦腔、眉户、河北梆子。有一个时期，还来过一班河南戏，但不久就走掉了。在各种戏剧中，营业成绩最突出的是眉户，他们只有十几出戏，翻来覆去地演唱，可是观众总是拥挤不动，尤其《站花墙》《张连卖布》各剧，每贴必满。现在这个剧团改名天山剧团，在北疆昌吉绥来一带演唱。在疆演唱的眉户，音调颇异于陕西，据久听此调的老人们说，这是四五十年以前的老调，从酒泉武威以西，都是这样的。京剧近年情况平平。去年雷喜福来迪化，转盛过一个时期，今夏喜福去兰州，营业便渐衰落。最近蓝月春、陈春波等又将加入某文工团。以后私营的京剧班社，怕要沉寂下去，未来新疆的京剧，一定要有一个时期，全靠公家剧团来支撑局面。

新疆的公家剧团，在迪化我们见到的有运输部业余剧团，这是一个资格较老的京剧团体，组织配备相当整齐。今年新成立的有新疆军区文工团，今改为新疆京剧院，规模相当大，全部共有一百五六十人，大多数是学生，以外也有一些演员和教师，其中比较为大家知名的有陈少五、霍文元、侯万春、骆连翔、骆少翔、钱富川、梁花依、梁桂亭等。服装道具一概新制，数量丰富，足够两份全箱还有余，舞台照明用具，也有很讲究的几套，这样盛的阵容，如果好好搞去，一定不难有相当成绩的。猛进剧团，兼演秦腔及秧歌剧。我们曾参观他们所表演的《鱼腹山》，倒还平常。其《大家喜欢》一剧，则深堪钦佩，这个戏相传有四绝：作剧者马健翎同志的笔是一绝，黄俊耀同志表演二流子是一绝，李钢同志表演老太婆是一绝，张芸同志表演乡长是一绝。这次猛进剧团的演出，饰老太婆的恰是李钢同志，而演二流子和乡长的也相当精彩，其余角色也各有所长。在我们所看过的秧歌剧之中，这是可以列入第一等的。

到了南疆，在焉耆见到二十七师和六师的文工团演出的几场京剧，演员们都很努力，可惜服装道具条件太差。有一天他们演《八大锤》，但是却没有锤，四个锤将，每人拿两把短刀，据他们说，这次是为招待我们才这样的，平常他们只是每人拿两个大葫芦。他们在这里搞得很好，常常向民众公开演出，上座成绩也很盛，并且当地的维吾尔族人士也渐渐发生了爱好。

二十二兵团的文工团，到南疆去慰劳战士，在焉耆和我们遇到，我们得见到他们所表演的话剧《思想问题》。这真使我们出乎意料了，布景灯光，表演的技术，精彩细致，且不必说；就剧中气氛来说，真使我们感觉到这不可能是在万里之外的沙漠城中，而是在北京市内。他们的努力、成功，和猛进剧团的秧歌剧是一样值得在旧剧工作岗位上的同志们深深学习的，尤其是在塞外的诸同志。

我们还见到阿克苏的部队文工团在一晚会中表演的《闯王进京》，场面相当宏大，是用京剧、评剧、拨子、秧歌各种形式混合表演的。京剧和评戏，在同一的演员表演出来，我们还是初次见到。到了喀什，部队文工团也是如此，我们看过他们所表演的《鱼腹山》，完全以评戏形式演出。评戏的音调，是比较不宜于雄壮场面的，但是文工团所演出的，却使人无此感觉，因为他们曾把评戏形式加以改造，吸收了很多其他形式的成分，这不但是他们的成功，并且给大家证明了，任何形式的缺陷和不足，都是可能补填和克服的。

旧剧在新疆，将来的发展是不可限量的。但有一件事，我们有些意见，这意见同时也可以贡献给其他地方的戏剧团体——过于侧重武戏，会使前途有一个不平均的发展的。有些同志们，以为武戏是容易被观众欢迎，尤其是战士们，是的，一起始是如此，渐渐便不是这样了，因为武戏的场子套子究竟有限，看长久了是会觉到单调的。我们不要固定地衡量观众的水准，观众们是随时进步提高的。

千佛洞

敦煌的千佛洞，已是举世知名的瑰宝，但像这样的建筑物，并不只敦煌一处有之。天山昆仑之间，汉唐之际，是佛教向东方传播的孔道，沿途各国家、部落，无不崇信佛教，故此佛洞的建造，也风靡一时。千余年来，佛教渐衰，人事屡改，曩昔故物，被毁于兵火变迁中的，不计其数。即幸而免于人祸，但山岩的崩化，土沙的掩埋，风或水的剥蚀冲积，种种的侵凌破坏，也就所剩无多了。

道经西安时，和赵望云同志谈及西北佛洞，他告诉我们说，在库车附近，有个地方名叫黑孜尔，那里也有一处类似敦煌千佛洞的建筑，但详细情况，因为地方太远僻，还没有来得及调查整理。到了南疆库车之后，设法打听，也没得到什么准确消息。陶峙岳司令说，前几年有位美术考古家名叫韩乐然，曾到过库车附近的佛洞，并且在那里住过一个很长时期，发掘出不少的古代文物，截取了好多幅精美的壁画，并且在一处荒原上，寻找出一座唐代坟墓，墓志是汉文，用朱笔写在石上。他携带这些宝藏到内地去，不幸在兰州以西飞机失事，人物俱亡了。部队中的一位贺参谋，中途搭我们的车到阿克苏去，听到我们的谈话，插言进来说，库车附近的千佛洞，以前他曾去过，地点是在黑孜尔之南，约二十五公里。

从库车西行五十七公里，到达了渭干河，过去渭干河，便是黑孜尔，旧译或作和色尔或作赫色勒，向南望有一带山岗，越过这山岗，便是千佛洞了。可是马上不能便去，因为道多石沙，汽车不能走，只有步行或骑马，步行因为天已午后当天无法回来，骑马必须向拜城驻军去借，这只好等回来时再说了。××兵团韦文元参谋也告诉我们说，距库车城西十来公里，盐水沟的外边，也有一处千佛洞，但残破太甚了，要看，我们回来时可以去一趟。

归途中，在拜城留宿一夜，商洽好了借马的事情。次日早起东行，午间到达黑孜尔，稍事休息，便换马出发。起初路尚平坦后渐多岗陵，最后上得一座高山，山势险陡，路径极狭，且多流沙，马蹄滑不能行，我们只得下骑牵马而走。山坡既尽，面前是一带平原，林木菁茂，流水潺湲，花草深处，一户人家临溪而居，茅屋数椽，倒颇洁雅，周围是些瓜果葡萄之属，葡萄中有一种颜色黑紫，味极甘芳，品种奇特，在新疆他处均未之见。在他们房子的对过，又有小屋两间，便是韩乐然的故居。

我们从黑孜尔请来一位维吾尔族老者做向导，他带我们去参观佛洞，并介绍一切。佛洞就在周围四面的各山崖上，形式犹如西北各地的窑洞。已发现洞子，现在共有八十二个，洞中佛像和宝藏，早已被人盗掘一空，剩下的仅有壁画，但也多遭残毁，低处的破坏较甚，高处的尚比较完好。这种壁画，其所用的色料，都很精贵，所以能历久不为自然所剥蚀，一切破毁，都是由于人为的。有些洞子里，明显地是有人居住过，炊烟和污秽不必说，小孩子涂抹、刻画，触目皆是。有些壁画，整块的不见，这大概是遇到了考古家的揭取搬运。有些壁画，只是部分地被人剜掉，而多半属于佛像的面部或衣领，据向导说，这都是贴金的部分，当年所用的金箔，相当厚重，成分也很精纯，所以被人窃取了。

高处的佛洞，大约都在距离地面五六丈的地方，上去是需要有脚手架的，可是那里所预备的脚手架，真使人望而生畏。有梯子，梯子是用一根木竿，两侧凿些洞洞，浮插上两排木棍，看起来好像一条鱼脊骨，用手一触，便摇曳而颤，我们没敢尝试。还有一种是从上垂下的一条长绳，上面拴在洞口突出的石块上，可以攀援而上，向导告诉我们说，这已是六七年前旧设，现在恐怕不保险了，连他也没敢领教。我们只好寻找那些有坡可以上去的洞子去看看，但坡都是流沙，较平的地方脚要陷入沙里半尺深，倾斜一点的地方，常不免进前一步，却滑退好几步，并且坡的侧面多是峭壁危崖，一失足，一定不免成为千古恨的。

观察沿山形势，佛洞的建筑，似决不止八十二座，我们希望继续挖掘、发现，但这事是应该政府有计划地来做，走入私人之手，还不如埋藏在洞中，转为安全永久了。

盐水沟外的千佛洞，在库车向西的公路北侧约一公里，公路迤南，有一座像塔似的古建筑物，当地人称曰炮台，但实际乃是烽火墩。以墩为目标，直向北行，越过几重沙岗，便看见满山洞穴垒垒了。此地佛洞，被毁的情形，尤甚于黑孜尔所见，除人的破坏外，似乎曾经过几次水冲，有的洞穴已然塌了。残余的壁画，较黑孜尔洞中所见的，似更精美生动，可惜我们所带的照相工具不足，未能充分地拍摄下来。洞里沙石甚厚，后洞多有一深坑，据云这都是藏宝之所。统被人挖掘寻遍了。还有些破碎的陶器，色彩很古，七零八落，散抛在地上。

到了库车，当地军部的路略同志告诉我们说，在库车的西北方，地名龙口，也有一处千佛洞；库车西南，新河县左近，也一处千佛洞；通伊犁特克斯去的山谷也有一处千佛洞，比较更规模宏大。我们从地图上了解了一下，新河县的千佛洞，即是在黑孜尔访到的，龙口千佛洞，似即盐水沟外所见，山谷中的一处，因道路太远，为旅行日程所限，只好等他日来时再细细游览了。

新疆境内的千佛洞，似决不止以上所述的几处。我们从库尔勒回焉耆道中，便又听说道，在铁门迤南山中，还有一处千佛洞，当时因天已昏黑，未得去看。谢彬在《新疆游记》中说，库车古佛国，故多佛迹，出南门，经回城西南行三十里，道旁有塌墩二十，隔渠有庄曰牌楼。十二里渭干河岸，八里托和拉旦达坂西南麓，俗呼丁谷山，亦名千佛洞，沿河上下前后，凿洞四五百处，极其壮丽，皆以五彩金粉绘西方佛像，高不盈寸，墙壁为满，惜多为外人游历剥剜携去。……逾山约三四十里，拜城辖境，亦有佛地多处与汉字碑刻，视此为完好。又城东北二十里有小佛洞，六十里苏巴什有大佛洞。这些似又不全同于我们之所见。

库车一带为古龟兹国，龟兹信仰佛教，故佛洞甚多，但西域各国，早年盛行佛教者，并不止一龟兹，怎能毫无同样建筑？地面荒阔，风沙迭有掩埋，兼以人多不重视这种文化古物，故此访寻起来，很多困难。假使我们出动一个有组织有计划的大规模的调查团，仔细工作一番，一定可以有很足惊人的收获。敦煌莫高窟，是不能独享大名的。

向沙漠斗争

据历史学家说，新疆这地方，古代是截然不同于今日的，有高的山，肥沃的平原，广阔的内海。后来山岩逐年风解，沙漠戈壁渐增长，山是缩小了，海是填平了，好多的平原，厚堆上许多的沙石，因此居民稀少，地面荒冷，以沿海各地的眼光看去，好像这地方是具有如何的神秘。

按照过去的情形来推测，再过一个相当的时期，天山南北，一定会化作无人可居的地方。会不会有这种危险呢？会的！不过我们若能以人力去努力斗争，不但沙漠的侵略，可以被击溃消灭，并且已经被沙漠占据的地方，我们还可以“收复”。

昔年在吐鲁番附近，可以耕种的田地，远不如现在之多，主要的原因是由于水源不足。新疆雨量极少，有也不过是像喷水车，洒湿地皮而已。可是秋冬多雪，积满山谷，春夏之间，雪渐融化，流下山来，大股的汇为河渠，零星的便沁到山根石沙之下。清道光中，林则徐到新疆之后，发明了一个特殊的办法，从戈壁和农田接壤的地方，掘建地道，直通山根，这样，沁在山根之下的雪水便被引导而出，增加了许多的灌溉力量，因为是行于地下，故号曰坎井。坎井的长度几十里至百余里不等，沿线每隔几十丈，从地面立掘一个下地的孔穴，络绎有如都市中马路上的地沟修理眼，其用途也是为修理水道而设的。自从有了这种方法，农田连年增加了很多，这是向沙漠斗争的第一种方法。

第二种方法，是在种植熟地以外，向沙漠推进约数十丈，横掘一道水渠，引水通行，而在渠的里岸密排着种上一行柳树，等柳树成阴之时，风沙再从沙漠中扑来，遇到柳林，便向上回卷，再不能落到林内地区而为害于人了。而被圈在内的土地，经过几年的翻垦润养，渐渐都成为上好的沃壤。

第三种方法，是用一种专宜种植沙漠之中的植物，散种在沙漠之中，这种植物名叫定沙草，它的根子很长，可以把流沙固定住了，慢慢再任人去治理改良。也许有人会怀疑，沙漠之中，不是缺乏水量么？那定沙草怎能生长呢？是的，我们以先也是这样想，可是真竟有这样一种特具抗旱力量的植物，好像生而专为对付沙漠来的，正应了俗语所云“一物降一物，白菜降豆腐”了。

第四种方法，是利用原子能来改变沙漠，据闻苏联的科学家，对此已有成功的试验。我们盼望早日得见诸普遍的施行。同时我们盼望全世界的拥护和平人士，更坚决地主张原子能不许用于战争和杀人，好好拿来改良沙漠地区造福人类。那才是真正伟大而有价值的用途。

银山碛

唐岑参《银山碛西馆》诗云：“银山碛口风似箭，铁门关西月如练。双双愁泪沾马毛，飒飒胡沙迸人面。”铁门关，所指当是焉耆和库尔勒之间的隘口。银山碛，似即库米什至焉耆的一带戈壁。

从天山谷中出，一直向南行，四望尽是平原，风势渐起，正东方面远远忽有物蜿蜒若金龙，从地面扶摇直上，飞入天空。一、二、三、四，陆续增加到几十条时，便弥漫如万里黄云。这就是沙漠中所起的沙风。风中所含黄沙，不能计量，落下时，小则可以掩埋了行近漠边的行人车马，大则可以改变了道路地形。古时有一个黑水国，忽然找不着了，一直到最近才又发现，原来也是被一阵风沙所掩没，而千年之后，另外一阵大风，却又把这个国清理出来。城中市廛人物，在初出现时，还是栩栩如生，但顷刻之间大部分都粉化了。

渐渐望见前面又是一带高山，色黑如墨，极像画家神来之笔，横亘在天涯尽处。车渐右转，忽现树木人家，这便是库米什，维语是“白银”的意思。过此再往西进，风沙已追踪而至，霎时伸手不辨五指，因不远便入山峡，可以不虑危险，摸索前行，闯入山口时，果然眼前清朗了。峡名榆树沟，曲折颇多，古榆百余株，络绎道旁，时有乌鸦三五，掠空而过，这是山道中唯一打破寂寞的良伴。

出峡后已黄昏，迤逦戈壁滩上，午夜至和硕，这地方以蒙古族人居住而得此名。居住在此间的蒙古族人，属巴启色特启勒图盟的和硕特旗，约有八千余人。但我们在街市上所遇见的，仍以维吾尔族人较多。据云蒙古族多业畜牧，时在盛夏，人们均住山中，所以在此不可多见。街左有北京宫殿式建筑一处，装修雕刻极精，这是一座蒙古王府。

由和硕再西行，经过一段戈壁，约七十公里，至清水河。所谓清水河，仅只是一条小溪，但水流颇畅，沿河有水磨一座，人家一处，此外便无甚所见了。这一带沿公路往南，均极平旷，不远便是博斯腾湖，湖长直径约一百五十公里，汉朝时候的危须国在此附近。

南疆多蚊虫，尤以清水河附近更甚，形体比京津所有略小，介乎白蛉、蚊子之间，色紫黑，性情极坚决勇敢，叮在人皮肤上，驱之不去，任人把它捏死，从毛孔里拖了出来，好像还有毫不退缩之志。我们经过此地的时候是正午，据说如果是在黄昏，大不得了，一匹白马霎时可以变成黑马，体弱的牲畜，往往被啮而亡。

当听人说，在中国之内，南方可以不必有手套，北方可以不必有蚊帐，按地图上的北纬线看，此地应该是北方，但没有蚊帐，只怕要叫苦连天了。

关于全国戏曲音乐调查工作报告书

新文艺必须具有新内容，为了配合新内容，亦必须有新的形式。但新的形式，仍必须以民族性为基础，故此对于民族传统的文艺遗产，必须加以搜集整理，然后研究批判，弃其糟粕，存其精华。但是这并不够，欲求发展，还必须向本位以外的各种文艺，加以研究学习，参考他人之所长，以启发自己之不足。至此，准备工作才算完成，然后团结起全国文艺工作者的力量，共同努力去创作，去建设新中国的文艺。

过去我们曾致力于戏曲音乐方面的搜集整理工作，抗战起来，工作中断了。现在举国的文艺工作者，都在为建设新文艺的事业而奋斗，我们也不愿毫无建树，但自揣能力，只有在搜集整理的工作上，还稍有经验，故此自请在这方面，分担一小部分的微劳。今年春间，曾将我们草拟的计划，请周扬部长赐予教正，这计划书曾刊载于《人民日报》，嗣后有好几家刊物都曾转登。

我们于今年四月底开始出发，但这次的出发，并未能按照原来计划组织进行，一则由于未敢自信，二则顾虑到经济问题，所以工作人员也未待配合整齐，应用工具也不曾准备充足，只提上一架摄影机，此外便只是笔和纸便匆匆上道了。

我们首先到的是青岛，由青岛到济南，由济南折回，又到博山、潍县、周村，由周村去徐州。在这一段中，我们随带着有一个剧团，到处都曾出演。徐州演毕，天气已很炎热，同时雨水连绵，实也难以演出，于是暂把剧团送回北京，只剩下两三个人，转赴西北。

七月二十一日抵长安，二十九日随新疆军区文工团的汽车同往兰州，八月二日到达，六日飞迪化，十三日由迪化随陶峙岳司令的生产情况视察车去南疆，一路上经过达坂城、托克逊、库米什、和硕、清水河、焉耆、铁门关、库尔楚、野云沟、轮台、库车、拜城、察尔齐、温宿、阿克苏等地，最远到了疏勒。以上沿途皆有停留。九月四日由疏勒返回，仍沿旧路，只是中途多在黑孜尔停了一天，乘马越过两重高山，去参观了一下库车的千佛洞，第三天穿过盐水沟，又看了龙口的千佛洞，当天晚间赶到阳霞。第二天在库尔勒停留了一下，回到焉耆，九月十五日返抵迪化。

本计划再走北疆各地，因接到全国文联的开会通知，紧接着又是全国戏改会议的通知，算算日程，怕要赶不及，连去敦煌的计划也打消了。在十月十三日，飞回了兰州。在兰州忽又得到戏改会议展期的消息，因此我们又得空去了一次青海，采访了西宁、湟中、塔儿寺等地方。十一月三日回兰州，十五回长安，二十三日，回到北京。

这一次的旅行，时间是整整七个月，所走的道路，约近三万里，所到之处，承各方特别相助，获得到不少的见闻。我们目的虽是专为戏曲音乐，但遇到其他文艺材料，机会难得时，便也进行了一些了解工作，下面分地区作一简单的总报告，详细内容俟各分题中，再为述说。

在青岛我们所见到的，有两种地方戏，一种叫作柳腔戏，一种叫作茂腔戏，茂腔又称茂州鼓，也有称作“州姑”或“肘鼓”的。据他们的演员们讲，这些都是“郑国”两字的讹舛，所以他们的社名便也名为“郑国社”。但是这不见得可信，他们说，所以名曰“郑国”，是因为这种戏起源于春秋时候的郑国，捕风捉影，显见得是一种附会之说。社中有一位老演员董长河，据他谈，茂腔早年行于苏北一带，徐州附近，演员只有两三个人，也没有音乐伴奏，后来有师兄弟两人，北来到山东地面，渐渐改良，加上弦索，又增大了组织，师兄一班，行于青州一带，称曰茂腔；师弟一班行于莱州一带，称曰柳腔。茂腔别有一派，传至鲁西一带，叫作吕戏，也称化装洋琴。

茂腔和柳腔的流行地带南起海州附近，北至东北各地，但近年来只在胶东一带活动，班子也渐少了。这两种戏的剧本是相同的，演法也无甚出入，只在唱上互不一样，可是演员们多半兼会两种腔调，时常也交杂着演唱。他们的剧本，多半是连台本戏，有时一本戏可唱好多天，因此他们的观众，多是长座，他们在未开演之前，可以很有把握地料定上多少人。

对于这两种戏，我们进行了几项调查工作：一、来源和组织，二、演技概况，三、剧本的名目和提要，四、承青岛广播电台林明台长的帮忙，把每种主要调子录了一段音。

在青岛的曲艺，也有好多种，以西河大鼓和坠子比较盛行。特殊的曲艺，只有梁前光同志的胶东大鼓，这种大鼓是梁同志自己创造的，基本的调子是蓬莱大鼓，又加进去“武老二”的技巧，因此相当动听。唱时有时用三弦伴奏，但多半是不用。他所唱的曲子多半是新作品，很多是他自己编的，描写着许多胶东区的英雄故事。他对于北京新作的曲本很注意，希望常得到联系，我们已将他介绍给王亚平同志。

梁同志好久以前便参加革命工作，在胶东军中，担任了好几年的宣传工作，最近他在领导着一批盲童学校的学生学习曲艺，也是一件值得钦佩的工作。

济南方面所见到的戏剧有吕戏，有拉胡腔。吕戏即化装洋琴，除了化装之外，一切全同洋琴书，这等下文说到洋琴书时再细讲（化装洋琴剧于一九五〇年定名为吕剧）。关于拉胡腔，即徐州一带所称的四平调，但这名称来源不久，可能是后起的。考求它的正名，原来也即柳腔的一种。柳腔之所以称“柳”，由于其主要乐器是一种琴，形似琵琶，但较小，两根弦，名叫柳叶琴。柳叶琴或称之曰半琵，所以也称作半琵戏，俗讹作“蹦蹦戏”。至于拉胡两个字，乃是因为唱时末句由大众接腔，名叫拉腔，因而称这种调子叫拉后腔，胡字又是后字的讹误。

拉胡腔分中南北三路，南路行于泗州一带，中路行于徐州一带，北路行于滕县一带，往北流传，最远不过济南。关于这两种戏，一切调查工作如前，只是录音工作未能进行，但一切准备都定规好了。

济南市的曲艺，种类甚多，值得调查的，第一要数洋琴书，这时在济南演唱洋琴书的，是一向负有盛名的邓九如，他曾灌过好多唱片，这次我们也搜罗着两张，寻常唱的调子不佌杂，有唱片也可以抵得录音了。特殊的调子是带牌名的，他们很不常唱。

洋琴书，顾名思义，似当以洋琴为主要乐器，现在的情形是这样，但实际不是这样，它的主要乐器乃是筝和琵琶，邓九如演唱时，他便是弹筝来唱，他所用的筝，形式也和一般不同，普通筝的两端，多是下垂的，他所用的，两端却是卷起，据说这样的筝，只有两个。洋琴书既不以洋琴为主，当然洋琴二字，又是讹传。但是这种曲艺，究是什么呢？从其组织和音调看来，和南阳一派的曲子很相近，而河南境内各地，也多有这种琴书流行，那么山东琴书，或可能也是由河南繁衍过来的。南阳曲子，系出于道家黄冠之唱，琴书两字，是否是道情的变化呢？

山东琴书分两派，南派以曹州为根据地，邓九如即此派魁首；北派在蒲台、利津、博兴一带，近年多改为化装洋琴。

“武老二”也是山东境内的一种特殊的曲艺。这种曲艺，不唱，只是手打竹板干念，可又不像数来宝，他所说的总不离武松故事，所以称为“武老二”。每演之前，多是说一段小段，类似弹词的开篇，这种小段，专以滑稽为主。近年擅长这种曲艺的，以傅永昌最有名，他是东昌府人，他还有个师弟，名叫杜永顺，一个师侄名叫高元均，曾在天津演出，红极一时。

此外还有一种木板大鼓，形同竹板书，但不打竹板而打木板，其调子近似西河大鼓，以李积玉最为擅长。

在潍县所见到的，有四种东西：一、潍县秧歌，共有六至八句的小腔，无论什么词都用它（已然记谱）。二、潍县大鼓，这种大鼓，是从利津、寿光一带传入的，但年代已深，又称曰东路大鼓。演奏的方法很奇怪，只有一个人，左腿上拴一副铁板，用脚一踏一踏，便可以拍打，右手弹三弦，同时用第四指持鼓箭子，一边弹一边打鼓，皆合节奏，互不影响，唱调也近似西河大鼓。三、潍县梆子，名曰梆子，实即东路章丘调。四、柳腔，即前文所说的柳腔，不过存留在此地的，比较多保持了旧规模，但唱的调子，却比其他柳腔好听。此地戏院只演京剧或评戏，本地戏反无人演唱，我们所听到的，乃是几位盲目的先生，他们也只能清唱，表演是久已失传了。

在潍县时，又抽空去了一次寒亭。寒亭是烟潍路上一个大镇，此地向以出产年画出名，附近十来个村子，都经营着年画事业，和天津的杨柳青，可以抗衡了。关于此地的调查，已写成一篇调查记，送交民间文艺研究会了。

到了周村，听说鲜樱桃的剧团在那里，我们急去访他，果然他和明鸿钧都在。他们这种戏，一般称为五人班，实际上乃是章丘西路调。鲜樱桃本名邓鸿山，早年他这种班子，连演员带场面一共只五个人，演员是一生一旦，行头不过两套，一套红的，一套蓝的，这样便应付了所有的悲哀和喜庆的场子，场面是一人掌鼓板，一人打锣，一人敲钹，必要时场面也参加表演，居然成本大套的戏也能对付下来。民国二十年（**一九三一年**）左右，他们曾来北京演出，组织略扩大了些，但一切还不离旧规。此次在周村相见，却大有改进，人数增加到十八个，行头也复杂起来。他们本是以表演细腻见长的，如今又吸收了不少如京剧等等的成分，益发丰富起来。明鸿钧是小生正工，他唱的调子却和别人不一样，仿佛是大鼓腔，但应用得非常巧妙。做戏也好，是一个上品的小生人才，同时他还善于反串小丑，他所演的小丑，有一种特长，凡使人发笑的地方，都是出乎自然的，绝不故作丑态，或是说些和戏情毫不相干的丑话。一切动作也工稳无火气。所以他们这种戏在民间颇有叫座能力，到一个码头，总可支持一年半载。我们如果不固执在方音问题，不纯站在京剧立场去看旁人，则他们很应该算作我们一个畏友。

周村永安戏院经理任勇奎，他是河北梆子当年著名的演员，我们同他谈起河北梆子过去的情形，他很感慨。论起河北梆子，实在不应该像现在这样衰微，自然，过于紧张嘈杂是其缺点，但演技的精深，唱法的高妙，在各种戏剧之中可说是很有独到之长的，似乎不应该如此一落千丈。据任先生讲，这其间的原因，第一是由于京剧复兴以后，使梆子在都市的地位，突然衰落，想退回农村，可是河北一带，连年战争，使农村的景况远不如前，就在这进退两难的情况之下，好多班子便一直垮台到底了。第二是由于梆子的唱功演技，都比较需要艰深功夫，后来者多以为既多费力，又少收获便不肯学，这样一来，后继无人，渐渐组不成班子，只好混在别种戏一起来唱，可是死一个少一个，慢慢地便连一出戏也难以凑齐了。据我们四处打听现在还有几家班子在勉强支持，萎靡景况，可怜已极，当年那些著名角色，有的还存在，但大多早已改业了。

我们觉得，这方面的一批遗产，是很宝贵而值得重视的，早些着手，把这些老成而未凋谢的角色搜集了来，传留下他们的绝技，确是一种必须而且急需的工作。我们已托了好多位朋友，代为打听都还有些什么人物，以备用着时，不必再费事去四处访寻。

山东方面，早年也曾有一个易俗社，是受了陕西易俗社的影响而产生的，像王芸芳、张宏安都是其中杰出的人才。起初是私人组织，后来收为官办，便日趋腐化，终至灭亡了，比起陕西易俗社之能支持到如今，是相形见绌了。可是他们的成绩，却也不弱于陕西易俗社，他们自成立至解散，不过五六年的工夫，所编演的新剧，竟达三百几十本之多，据闻这些本子还都存在，由山东省政府教育厅保管着。

总结在山东境内的工作，也发现了不少缺点。除了人事和工具的配备不足，致使一部分重要工作未得进行以外，还有像这次携带一个剧团同行，虽然在经济上，在和当地艺人联系上有相当的方便，但是到一个地方演出，其日期的长短，每每是和调查工作所需要的日期是相反的。例如到了博山，当地并无可以采访的材料，但事实不能演一两天便走。又如在潍县调查工作是需要相当深入的，但演出只能支持一个短期，想把工作深入却不可能。还有，有些地方，是蕴藏着不少珍贵的材料的，但剧团却无法前去。这样只好从侧面间接找到一点材料，准备将来另设法去研究。已得到的有以下几种：

一、莱芜调，也称莱芜梆子，调子很高亢，近似开封梆子，用二胡为主乐，现在著名的演员以杨带子为最。流传地区只在鲁西鲁南，最近听说在新泰县成立了一个科班，由当地政府帮助指导。

二、弦子戏，又名五音乱弹，也是柳腔的一支，乐器以二弦为主，笙管笛箫柳琴也都用，流行地区多在兖州、曲阜、曹州、济宁一带，唱调很细致，脸谱很精美，本戏很多。

三、胶东秧歌，有大小两种，大秧歌多在登州一带，小秧歌行于莱州一带，山东省文联卢棘同志对此很做过一番调查研究工作，此外山东流行的小曲，他也记录了不少。

除以上几种以外，据闻鲁西南流行的还有一种用笛伴奏的戏，名称不详。还有一种只有男女两个角色的戏，都踩跷，打锣鼓干唱。惠民一带，有环戏、摊戏、大弦腔、赃官戏。无棣有哈哈腔。河北、河南、山东交界地方有大锣腔、大梆子、四股弦、平调、三跳板等。曲艺则各地都有大鼓、道情、小曲。

关于记录剧本，我们到处都计划进行，但有的演员们自己可以动手，只要付他们以相当的报酬，像青岛的柳腔、茂腔，我们已研究妥了进行的步骤。但有的全班都不识字，只好找人去代抄了。为求整齐一律，我们想聘请两位对戏曲稍通门径而懂得山东各地方言的，给他们一个格式，让他们到已接洽妥的地方去记录，但是到了徐州之后这计划又失败了。

说来也好笑，因为天气渐渐盛热起来，同时雨水又多，演戏在这季节里，很不相宜。于是在周村演完之后，应大家同人的要求，把剧团暂时结束了，全体演员，便从周村回京。但到了徐州之后，当地政府，非要求演出不可，再三摆脱不得，只好回京再行调集人马，这一样，成本太重，又赶上雨水连绵，勉强支持完了一期，赔累不少，这样一来，把在山东各地所盈余的亏损大半，一切计划暂也不得不搁浅了。

七月十九日，剧团返回了北京，我们则轻装直去西北，二十一日，到达了长安。去年在长安时，常常听人提到王存才，说他的演技是如何的高妙，不但在晋剧中是难得的人才，便在任何戏剧中，也是不易多求的。今年他来长安治牙，经大家特烦，表演了几场，据马健翎兄讲，的确是不平凡，技术精娴，还是其末，最使人佩服的是生活的逼真和丰富。可惜他没多停留便又回去了，我们又不曾得见，只是从各方面得到一些关于他的材料。

碗碗腔影戏的名演员一杆旗，也曾来长安，此间的戏改处，曾把他的艺术加以详细的调查，并且选录了好多的剧本，听说将来要有一个专册出版的。关中的曲子，在四十多年前，曾出版过一部《羽衣新谱》，共六卷，去年我们曾各方托人访求，始终没得到。这次承王绍猷先生替我们找到两本，其余的王先生也答应再帮我们搜集完全。现在找到的两本，内容都是越调部分，已由戏改处翻印。戏剧公会的石刻，是考证秦腔历史的重要材料，我们也设法把它拓了下来。

汉中的二黄戏，已有三十多年不来关中，今年也兴高采烈地到了长安，这种戏和京剧是同源而异流的。除了唱腔显得古拙，动作和音乐有些秦腔化之外，一切和京剧无大分别。近年以来很有人评论，说京剧从地方戏变来的过程中，曾经在本质上有了极大的变化，这种论调也颇有一班人力持反对，可是双方都缺乏充实的证据，如今得到这样一种戏，很是一批有用的研究材料了。据安康来参加西北文代会的戏剧代表杜玉华对我们说，汉中戏的班子，还很有几个，秦腔化的成分，一点也没有，和京剧的相似，是比较更近的。

汉中戏里，很有几出戏是京剧班里望尘莫及的。例如张庆宏所演的《张松献地图》，形容张松的机辩，真是谈锋四射，口如悬河，张庆宏已是七十多岁了，但演起戏来，手眼身法步，还是丝丝不苟，一气呵成。人们常觉得法门寺里的贾桂念状子，是一件不容易的事，可是和这戏相比较，相去且不可以道里计了。西北戏改处，已将他这戏录了音，这次并且带到北京来展览。

七月二十九日离长安西行，路经平凉、兰州，都抽空看了几次戏。从山东到西北，豫剧是相当兴盛的，不过郑州以东，多行东路开封调，郑州以西，则东西两路混合演唱了。实际说起来，西路在唱调上，的确有胜过东路的地方，特别像常香玉，她把原来的音乐，大加改变，把木梆的声音减低，伴奏的乐器，在唱的时候放轻，到了过门，再加重起来，这样，使一腔一字，都清楚地送到听众耳朵里。同时她又对各种戏曲的腔调，加以吸收，融合进去，因此调子也比以前大见丰富。所以她在西北一带，能获得大众的好尚和拥护。还有长安的狮吼剧团，是一个学校式的团体，领导人樊粹庭先生，一向以编演进步剧本为社会人士所称赞，所以成绩也很昭著。因为有这样两个剧团使一般豫剧团体在西北上也有了相当的地位，他们的奋斗和努力，是值得大家学习的。

到了迪化之后，开始进行了解各兄弟民族的戏曲音乐，但因为语言不通，又缺乏适当的翻译，工作非常困难。在第一周中，除了参观几次新盟会的歌舞演奏，还有文联赠送我们一批维吾尔族唱片之外，什么材料也没访到。八月十二号，和新疆文教委员会孜牙主任约谈一次，请了一位蒙古族同志做翻译，因为他对戏曲音乐不内行，好多话也无法传达，还几乎闹出笑话。这一次的谈话很失败，仅仅得知维吾尔族音乐中有十二套古典大曲，可是现在最多只有人会九套了，这人还不在迪化，无法去研究。

这天夜晚，王震司令员忽然对我们说，陶峙岳副司令员明天要到南疆去视察，同时张仲瀚政委，也要到焉耆，假使我们想去喀什、和阗最好一同去，在季节上，在方便上，都是很好的机会。我们听了很兴奋，马上准备了一下，在第二天清早，便出发了。

在南疆路上，因为陶司令到处要视察和作报告，所以在好多地方都曾停留，在焉耆，在库车，都曾试作了些调查工作，在阿克苏，又见到当地新盟歌舞团的表演，并作了一次访问，不过所得甚微。二十六号到了喀什，当地的新盟会和苏侨会，连日组织晚会招待我们，使我们见到很多样的歌舞，同时也见到维吾尔族和乌兹别克族的歌剧和话剧。

在这里，我们计划着学一些歌曲，记一些谱子，预备做研究材料，但时间来不及，同时语言方面也无法沟通。二军文工团的各位同志，见到我们这种情形，很慷慨地把他们一年以来所记录的谱子，抄了一份赠送给我们。这样诚恳的友谊，只有而今的社会才可以见到，使我们更深感觉到新时代的伟大。

我们的行程，是准备在八月三十号离喀什到和阗去，不料在二十九日晚间，忽然得到和阗附近桥梁发生障碍的消息，同时车辆也发生了问题，就连陶司令一行，也只能挑选着前去，而且最远只能到莎车。这样一来，我们在喀什又多留了几天。三十号，喀什文艺界约我们参加一个座谈会，这座谈会举行的地点是在一家美丽的大花园里，歌舞音乐，极一时之盛，我们得实地领略到当地文娱生活的真相。

在会场中有一位年老的音乐师，名叫哈西木，是维吾尔族人。在饭后休息的时间，我们向他请教塞他尔的用法，因而攀谈起来，渐渐扯到维吾尔族十二套大曲上去。他听了，好像有所感触地笑了一笑，可是并没有说什么，接着便是演奏开始，谈话便也中断了。晚间回想起此事，觉得有些特别，为什么这位老音乐师，听到问起十二套大曲的话，他微笑不语呢？莫非他晓得一些么？第二天我们一早便到新盟会去，特地请这位老音乐师到来，诚恳地向他请教，真是意料不到的事，十二套大曲，他不但是完全都会，并且现在完全都会的只剩下他一个人了。据他说几年前，听说和阗还有一人能完全都会，他特地由喀什去访他，到了和阗之后，不幸已是故去。现在他有几个弟子，但最好的才学会了八九套，他感觉到他自己年纪已老，怕在生前不得传留下这十二套绝技，言下不时唏嘘，可是忽然又笑了，对我们说："真不想万里之外，会有知音来相访！"我们真觉得过意不去，没想到这番谈话，使这位老人家的感情发生了如此的激动。

第二天我们预备了一餐便饭，请他和他的几位弟子来做再度的长谈。他们把十二套大曲的组织讲给我们，并且择要演奏给我们听。更是意料不到的，这十二套大曲，竟是很复杂很美妙的管弦合奏乐。

时间匆迫，记谱是办不到的，录音机又不曾带来，真使我们感觉到良机空放的可惜。回到迪化之后，遇到中央西北访问团的王同志，他带有录音器材，并且不久也要去喀什，我们把这件事对他谈了，希望他把这工作完成。他也很高兴，不过他所带的钢丝已不多，大约七小时，但是这十二套曲子，连奏起来，至少在二十四小时以上。后来我们又把此事对邓力群主任讲了。他已答应设法把哈西木请到迪化，如果迪化方面解决不了这问题，再向长安联络。我们回到长安之后，和柯仲平、马健翎诸位谈起，他们也很注意，愿尽可能来助成此举。我们觉得这件事无论如何是应该搞好的，录音是必要，可是研究学习更重要，故此我们向文化部建议，请文化部对此早定一个处理的方案。

从喀什归来，经过黑孜尔的时候，特地去看了一次千佛洞，此地的千佛洞，已发掘的有八十几个洞了，但看情形可能还有不少洞子仍在埋藏着。论年代比敦煌更古，而壁画的作风，又是一派风格。可惜近年以来屡遭破坏，如不及早设法保存，只怕要损失罄尽。又库车盐水沟外，也有一处千佛洞，残破情形比此尤甚。新疆境内，昔年佛教极盛，所以千佛洞的建造，也不止一处，据闻特克斯和库尔勒、吐鲁番都有，但我们这次并没得去看，还有人讲，在蒲犁、乌恰一带山中，也有不少这种建筑。

九月十五日回到迪化，新盟及文联的各位，多已去长安参加文代会，我们预备回来研究的问题，一概无法进行了。这样焦急了几天，幸亏得到二十二兵团洪涛同志的帮忙，他介绍我们很多书，使我们对新疆各民族情况得以了解，又介绍我们和新疆分局研究室的苏北海同志相谈，得甄别了各书所记的正确或错误。又介绍给我们一位哈族的文艺研究家柯仁先生，在他那里很有系统地得到研究哈族的文艺情况，从他那里又得认识了新疆省府秘书长倪华德，还有许多哈族柯族的朋友，又得到不少的见闻。在苏联领事馆的宴会席上，遇到公安厅的舒慕同厅长，从他那里得知到锡伯、索仑、满洲三族的文艺情况。中苏友好协会赠给我们一批哈族唱片，马寒冰主任，搜集了几件维吾尔族乐器相赠，蓝月春同志代我们采购了乌兹别克唱片，二十二兵团韦文元同志教给我们各族的歌曲，新疆军区文工团，也准备把他们记录的曲谱抄一份相赠，这样我们的工作才得以顺利地展开。

在青海和兰州，也是多亏了各方面的同志们努力帮助。在西宁了解的，是藏族和土族的歌舞，还有流行在甘青两省的花儿少年，流行在青海的附子，在塔儿寺见到的，是藏舞和打鬼舞。这些都承华恩、王博、程秀山、逯萌竹、苍谦各位同志或是给我们介绍专家去谈，或是把自己所得相告，尤其华恩同志，他费了半年多工夫，在青海各地所实地采得的歌曲，悉数拿来让我们抄录，并且把其中奥妙，详细讲解给我们。我们很觉得对不起他的，是这许多宝贵材料，我们只选抄了一部分，未能把他的全部成绩，介绍到东部地区来。

在兰州，文教厅的曹陇丁同志，也帮我们发掘了很多的文艺宝藏。水楚琴老先生，给我们讲说了兰州秦腔的系统和特质。李海舟、王叔明两位先生，给我们讲说了兰州十种曲子的组织和内容。岳钟华同志为我们画了一份完全而准确的秦腔脸谱。余正常同志赠我们许多曲谱和甘肃影人。

其余各方面的帮助，实难一一罄述，这些隆情厚谊，使我们是永志难忘的。

各兄弟民族的歌舞，初看去总不免有奇异之感，多以为是一种从未习见的东西，其实这些形式，在中国的文艺史上，都曾发生过很大的影响。维吾尔族音乐与唐代大曲的关系，已略如上述，此外藏土两族的歌舞与唐宋以来词曲的兴起，也有极深的关系，尤其是哈萨克族的歌曲，南宋时代，民间突然兴起许多的新奇的文艺形式，一向研究者莫名其妙是怎样产生的，这次我们研究所得，觉得和哈族文艺的关系，是不容漠视的。

西宁的附子，兰州的十种曲子，论起来应该是一系统的东西。这一个系统，在国内流传的地域非常之广，据我们所知道的如陕西的曲子，眉户、河南的曲子鼓子、四川的琴书、浙江的平湖调、江西福建的南词、北京的单弦杂曲……都是同源异流的，他如两湖、两广、苏、皖、晋、鲁，也都有类似的体裁。只因地域不同，腔调不免因方言关系而发生变化，还有代代相传之间，也常常吸收些新东西，丢掉些旧东西，所以各支派便各成一家，但若从其本质分析比证，血缘的特征，并不是很渺茫模糊的。

这一系统的曲子，和唐、宋、元几代所流行的词曲，是同一根源的。词曲被封建阶级和资产阶级的播弄，早已死气沉沉，惟有流传在民间的这一支，一直还在生长繁衍着。我们应该作一个综合的研究，使其在新社会中，得改进为人民文艺的一种形式。兰州所存留的，现在还有十种，而各地所存的只于两三种，所以若是入手研究，当从兰州开始较为顺手。兰州的十种曲子是：平调、夸调、令儿调、背（避）工调、荡调、勾调、百合调、词调、鼓子（即曲子）、越调。

以上所述，是我们这一次各地访问的概况，至于研究所得，拟整理成下列几种报告：

一、《柳腔的源流及其特质》。相传中国戏剧，有所谓“南昆”“北弋”“东柳”“西梆”的四大支派。昆、弋、梆三派，大家比较知道得很熟，惟有东柳，一向只举《小上坟》一剧为例，可是再找不到第二个。但东柳一词，既留在人们口中，和昆、弋、梆同举则断不会发展得范围如此窄小。这次我们在山东，见到许多种地方形式的戏剧，都是名为柳腔的，其唱调有一小部分，近似《小上坟》的腔韵，但这并不足以代表全部，乃知相传以《小上坟》代表柳腔的话，是不正确的。至其流行区域，单就山东所见的几种，足迹已到五六省之多，再从其特质上来推断，可能流行在长江流域的几种地方剧，来源也和此有关。然则柳腔之所以能和昆、弋、梆并举，并不是没有原因的，可惜一向太被人们所忽视了。这篇报告，当然不可能把柳腔的一切，作详尽的说明，只就我们所见所知，把这件事发掘出来，以引起各方的注意和研究。将来总会有一天，能完成一个完整的记载的。

二、《从维吾尔族的十二套古曲来研究隋唐大曲并古代东西音乐交流的情形》。

三、《哈萨克族的文艺形式对于南宋以来民间文艺的影响》。

四、《胡琴、洋琴其源流性质及在中国戏曲中的地位》。

五、《中国戏曲与中国文字的声韵》。

六、《藏族土族的歌舞和唐宋词曲的构成》。

七、《民间曲子的种类及形式》。

八、《寒亭的年画》。（已寄交民间文艺研究会。）

九、《从汉中戏剧来比证京剧的变迁》。

十、《秦腔新论》。从这次所拓来的石刻，从秦腔的音律特性，从各方所新得的史料，来探寻秦腔的根源，并分析秦腔的性质。

十一、《中国戏剧的作场制度》。中国戏剧的演出，早年称曰“作场”，但作场和现在的演出，制度上很不相同。可是现在演出的制度，很多还保持着作场制度的遗留，形成了很无谓的形式，有的则失掉了原来意义，反成了一种前进的障碍。这些必须根究其由来，以为改进工作的参考。

十二、《中国民间歌曲的乐律》。中国民间的歌曲，种类是很多的，所采用的乐律，也有很多种。近来很多以西洋音乐的乐律来整理中国民间歌曲，但西洋音乐的乐律，实在不能完全包括起来中国民间歌曲所用的乐律。这问题若一忽略，一定要整理去了很多的东西，所以我们要特别提出这问题。

十三、《谈花儿少年》。

十四、《访曲随笔》。凡零星片段的材料都收在此。

此外，在各地和文艺工作者交谈，从他们口中获得的意见，还有我们自己的感想，汇成建议性的题目若干个。

这次在西北，每逢参加各兄弟民族的晚会，他们总是以歌曲舞蹈做招待节日，有时他们也要求我们表演一两项给他们看看，我们便上去清唱两段来塞责，有胡琴便清唱，找不到胡琴便干唱。可是遇到这种场合，我们总不免要担心，担心他们若是再要求看看我们的舞蹈，怎么办呢？拉个起霸？裈个马？未免都不像话。扭场秧歌？也好像不大恰当。不晓得是不是我们的见解错误，我们总觉得秧歌的性质，只合于群众彼此联欢，而不适于少数人在台上去表演，宜于广场而不宜于室内。因此我们感觉到，在秧歌以外，应该还有一种专门性艺术性的舞蹈才好。但事实上，在现在的阶段中，我们并没有这样的东西，所以必须创造建设。创造建设必须有所取材，取材于其他国家的舞蹈么？很难具有自己的民族风格，取材于自己么？材料在哪里呢？

这次我们见到哈萨克族的舞蹈，据说他们的舞蹈是以他们在草原生活中所接触的种种事物为蓝本而造成的，例如虎豹的跳跃、鹰隼的飞翔、深溪捉鱼、荒山搏兽……种种动作，都是他们舞蹈中的基本姿态。因此我们联想到，在国术中，有所谓形意拳，不也是这样构成的么？但是它的发展，只偏重到锻炼身体上去，成为一种击技。假使加以美化，施以编组，配以音乐，赋以内容，不是很容易地便走向舞蹈艺术的途径么？况且国术中的门类是很众多的，千变万化，材料是极丰富的，去年我们在长安，见到杨瑞萱和于紫茂两位老先生，这两位老先生都是当代国术名家。我们诚恳请教，请他们讲说国术的门类和奥妙，畅谈了好几天，得见到了许多的惊人绝技。这些技术，取来用于新舞蹈的建设上去，虽不能说是取之不尽，用之不竭，但总不能不算是一批极丰富的良材。况且这绝对是我们中华民族特有的风格，并且在艺术作用以外，还存有锻炼体育的副作用。所以我们要提出一个建议，建议以国术为主要的基本，来建设新中国的新舞蹈艺术。

在喀什噶尔，和新盟会的几位负责人谈，他们说住在遥远的边疆感觉到对祖国各方面一切都隔膜，尤其是文艺活动的种种情况。他们很希望有一种杂志，用各民族的文字出版，收受各民族文艺工作者的文稿以为互相研究、了解、学习、砥砺的总枢纽。同时还希望在边疆地区办一个民族文艺学院，为各民族的文艺多培养些后继的工作人才，并希望由内地派遣一部分文艺工作者，去帮助他们，使他们得了解祖国中心地区的种种文艺，帮助他们改进许多的技术问题，例如他们的音乐便缺乏记谱的技术，授受之间，全凭听和记忆。此项意见，我们希望政府方面应该考虑接受。不过事实上有许多困难必须先予以解决，然后进行，才可以收到完满的结果。即如翻译问题，目下翻译人才，供不应求，渐渐便不免以资格不够的人来充数。可是目前情形，兄弟各民族之间是需要互相作正确的了解的，假使由于翻译错误，致引导起什么误会，那是很不值的。我们感觉到，对于各兄弟民族之间的工作，是需要以稳准为秘诀，固然不宜从缓，但在快速之中，还要做到毫无涂改的程度。

在青海文联的座谈会上，有几位同志讲，在边疆地区，使文艺工作深入民间去，是存在着一些特殊困难的。文盲的数字过大，文字语文的沓杂，使出版物相当难以发挥其效力。一军政治部齐开彰同志讲，在阿拉山上修建公路的战士们，在空气稀薄的荒原上做着开天辟地式的工作，是极需要文艺的调剂的，但是文艺活动太缺乏。有时有人打着饭碗唱几句胡诌的大鼓词，大家会蜂拥地围拢上来，像听名角大戏一样地听得津津有味。我们说，文工团不能去给他们以慰安么？他回答道，文工团人数有限，需要文娱的战士们并不在一个地区，哪能照顾得过来！逯萌竹（文联）同志说，各兄弟民族之间，也是这样情形，又多一层语言问题，更使文工团难以完成这项任务。后来大家讨论的结果，认为解决这问题最好把工作侧重在电影和广播上去，电影可以多印几份拷贝多置几万具放映机，广播呢，只消多有些收音机，一份广播节目，便可同时解决了好多地区的问题。他们希望把这意见，托我们转达到中央。另据我们所知，现在西宁广播电台，只有短波发射机，做这项工作比较不大相宜，应该另成立一个长波台，不妨电力大些，这样连新疆、宁夏、西康各地，都利用得上，对西藏的工作，也一定有很大帮助。

程秀山（文联）同志说，边疆文艺内容，除政治教育的以外，也可以和卫生建设各运动结合起来，这不但对各兄弟民族有很大的益处，并且也是他们比较喜欢的。是的，边疆地区所需要的，的确有时和内地不同，有时更会相反，例如在西宁，有某文工团演出一个戏，内容是写一个农民的妻子，好吃懒做，后来经过改造而转变好了。剧本很精彩，演的也很真实，但当地观众，认为这剧情太岂有此理了。原来青海一带的习俗，一切劳动都是女人去承担的，好吃懒做，只是男人中有此情形，像剧本所写的故事，他们那里做梦也见不到。还有关于历史故事的戏，凡对外战争，多半是和北部各民族的冲突，但这些民族的后裔，多半即是现在的兄弟民族，我们若只顾写这方面的情绪，而忽略了那方面的感觉，一定会发生错误的。例如写太平天国故事，有时便未能把问题单指向满洲的封建统治阶级，而笼统地把满洲人民整个的都做了对象，汉族人看了也许不理会到什么，可是满族人看了便不免难以为情。这次在新疆，听说有某剧团演狄青征西，维吾尔族人士为此很提意见，其实狄青当时所征的乃是西夏，和维吾尔族还没有明显的关系，尚且有此情形，可以不加慎重么？文艺工作是要配合政治进行的，稍有一点和政治发生矛盾，便是错误了。种种问题固然不易处处周到，可是我们不应该不去力求周到。

在西北各地得和各文工团往来，觉得文工团这样的组织，必须有一个联合后勤机构，作各方面的总接应，来补充供给一切，这样总可以使文工团发挥其最高效能。单就旧剧来谈，我们这次听见到的，很有几项亟待补救的问题：

一、各文工团的配备大抵都不完全整齐，有时更有某一部分过剩，另一部分不足的现象，这是由于组织时，未能按计划去找人，只凑合人来想计划。例如一个京剧队，当组织时，手边武生人才多，便多收几个武生，老生人才没有，姑且暂缺着。这样在演出时，自然多是武生戏。可是观众的指摘，自己的掣肘一定会很快地感觉到不妥，于是再向四方去寻找人，碰巧找到一个正在闲着的角色，当然不成问题，碰不到的时候，不免要从旁的团体去拉人，不论是私营团体或公营团体。拉得成也罢，拉不成也罢，相互之间，便发生了嫌隙，往往更由此小的嫌隙而酿成了对立和冲突。本来是该互相团结，这一来反走到相反的路上去了。

二、为各团体组织之始，不可能以相差不很多的水准去选择人，故此一团之中，技术程度参差不齐，有的是有许多年的舞台经验，有的只是玩过几天票，补充既困难，替换更不易，只好凑合下去。可是排戏演戏之际要求水准低的去追上技术高的，一时办不到，也有的终究办不到。既然合作，那只好使高的去迁就低的，结果一台戏，便都不见精彩了。

三、剧本的缺乏，到处都感觉到苦痛，各文工团需要在进步上起带头作用，当然要求得更迫切，可是得到既困难，得着了便居奇，秘密不肯让别人借看，有某团体为要向另一团体借抄一本新剧本，竟被那一个团体当作贼一般防范起来，这不是很可笑的么？剧本是这样，别的何尝不这样。演员不肯合演或借用，服装道具不肯串换，慢慢连旧戏班里的行会风气也就滋长起来了。

公与公之间是如此，公与私之间又更甚一层，这现象任其扩大下去，对戏剧前途一定有很坏的影响。为补救这些缺陷，最好是有一种统筹办法，解决了人员补充问题，解决了剧本供给问题，使各方面得团结进展，前途是一定顺利的了。还有各军队文工团，常年所接触的观众，大抵只是他们本部队的战士，但一个文工团，一年究竟能排出几个新戏呢？这断不足以满足本部队各战士的要求，假使能互相调换，不但节目可以新鲜丰富，而演员们的各地流动，得多向各方观摩学习，一切也可得到进步，这是战士们和文工团同志们共同所有的感觉和感想，但也需要有一统筹机构才可以办到的。

剧本荒的问题，各地皆然，但并不是缺乏作者，也不是作者不肯努力，而最大的原因，乃是由于人们不敢去写作。当然这里有很多障碍。例如审查问题便是一个。据各方面的反映，多感觉到审查机构的不统一，是最大一件痛苦的事。一个剧本往往在甲地区通得过，在乙地区却被驳斥，还有同在一个地区，有好几个主管机构，各持己见，这怎能不使作者望而却步呢？所以都很希望审查机构全国最好只有一个，现在虽然有了全国戏曲改进委员会，但各方面都觉得这只是面对京剧而不管其他地方戏的。

审查机构统一之后，其次则审查两字，不要用得太拘执，最好是三分审查，而七分助成。每一个作品，如果不是太要不得，总要设法帮助作者成功，即使真到没法帮助的程度，也要早些回答作者，详细说明不成的理由，并且这理由万不可是空泛的。稿子也要退还，不要打入字纸篓里去。为什么要这样做呢？因为现在很有人误会，误会到负责审查人或有排外情形。可是事实上有时也难免引导人误解，因为好多负责人，往往自己也动手写作，如果通过的作品，内稿过多于外稿，当然人们会有误解的。若用以上方法处理，以事实来解释，一切疑云自然一扫而光了。再者审查者对于帮助作者，只可发表意见，却不宜参加动手，否则人们也会误会到有故意挑剔而参加著作权的情形。还有审查要快，过于耽延，尤其是具有时间性的作品，例如一个为春节作剧本，到夏天才审查完毕，这些小地方，都会引起很大的坏结果的。总之，为发动这种工作，要细心还要耐心，路基打得平稳，路才修得好，走起来才顺利。故此我们不惮琐碎地来陈述。

各地方对于新作剧本，有的以减免娱乐捐来鼓励，这未尝不是一个办法，但其中有一项特殊规定，却使效果适得其反。他们的规定，凡不在大轴戏演出的或演出不在三小时以上的，概不得受到鼓励，这是不对的。尤其旧剧，是需要有长戏，也需要有短戏的，以上的办法，不是妨害了一部分人的创作情绪，便是引导着人们故意把剧本拉长，多添些无谓的场子，反落得不见精彩了。现在我们固然需要多的新剧本，可是也绝对不可粗制滥造来凑数的。

改编剧本，据多方所听到的情形，很容易和观众发生对立的现象。但观众并不是拥护旧本子的，过去演员们自动改编一个戏，不但观众不反对，而且演员还可藉此作号召，便可以证明。现在的改编，为什么这多暗礁？只能说是工作方法错误了。我们觉得审查还要团结艺人去合作，但是团结要做到真正彻底的团结，一个剧本如何修改，要获得艺人肺腑的同情，不要只是挤得他们口头上敷衍一句说“行了”就认为足已。能如此，改编修订工作一定会收到很好的效果的。

今后的戏曲工作，似乎应该多侧重在深入民间的工作。我们这次走了好些地方，觉得有一种很特殊的现象，即是戏曲太向都市集中了，偏僻些的地方，渐渐没人去照顾了。我们新文艺工作的目的，是为工农兵服务，可是工农兵所在的地方，都市只是很小的角落。为什么我们要抛开多数而单就少数呢？这是不是一种矛盾呢？在新疆全省文教会议席上，马寒冰部长向文艺界号召，号召在一九五一年，文艺工作同志们要努力于下乡的工作。青海文联的同志们，也有这样的决议。我们对这种呼声是感觉到极端同情的。但为何下乡？也要有一种切乎实际的办法，像最近一年来，各地从事旧剧改造工作的，多着重在布景灯光的增添，曲艺改造，多走向戏剧化的途径，这是适当的途径么？布景灯光，不是不可以加入旧剧里去，可是要从全面上去看问题，看看整个的条件，是否已达到可以的阶段。曲艺也是如此，若是戏剧化了，便失掉了其原来的简便性，而不宜于目前工作，还是以不改为佳。全国各地方乡村且不必说，只就小点的城市来讲，是不是都有了电灯设备了呢？如果没有，灯光便无从利用了。交通的不便，运输问题相当困难，布景的携带，不要管是不是在经济上有一笔大的消耗，只百八十里的大车，恐怕一套新制的布景也就八成破碎了。所以我们觉得，在现阶段中的戏曲工作，还是要以普及为重心，至于提高，先做内容的提高和技术的提高，装置的提高应随时看情况而进。必不以为然时，也该做到双管齐下的程度，若单偏重于城市，只怕广大的群众要过一个相当的时期才可以接受我们的服务。

西南之行记

——途中概况介绍

我们这次的西南之行，是在一九五一年二月一号由北京出发，在武汉停留了十八天，搭船西上，路过宜昌停留了四天，三月初到了重庆。

四月十八号，由重庆去往昆明，二十六号到达，在昆明住的时间比较长久，一直到八月初才返回重庆。

我们准备由重庆直接赶回北京，第一次的西南之行，就此告一段落。当然，这次所到的地方太少了，所见到的也太少了，但是时间的限制，无法再拖延下去，许多的工作希望只好等下次再来西南的时候再来完成吧。

在汉口十八天之中，我们得以简单地了解了一些汉剧和楚剧的情况。京剧原有一部分来自汉剧，故此在比较研究之下，易于相通，承汉剧界前辈吴天保先生给我们一连几晚的长夜之谈，使我们在短短期间对汉剧得知道了不少的东西。

楚剧原是湖北的花鼓戏，原来戏剧形式并不完整，但经近些年来的努力改进创造，一跃而成为一种条件很充足的戏剧了。沈云陔、章炳炎几位先生，都是身经若干次奋斗的老将，承他们把楚剧从原来的形式，原来的曲调，详细给我们说明，继而述说改进创造的经过和心得，这些都是极宝贵的材料，足供我们今后改进工作的研究和参考。

到了宜昌，我们本不计划停留，但因为当地有一个胜利剧团，亟待发展，可是戏箱用具，都太缺乏，我们因在那里同他们联合演出了几天，筹出一笔款子帮他们解决了戏箱的问题。

同时宜昌市也有十几种曲种，但一向没有正式演出场所，只是在街头巷尾，流动演出。我们也为他们筹了点钱，初步草创一个固定的演出地点，虽然初步只能做到用篱笆围一个露天场子，放些板凳当座位，可是从此发展下去，总算有了具体的基础了。

来重庆之后。开始向川剧学习，同时也及于此间的各种曲艺，但因为方言比较隔膜，形式和剧本也不熟悉，所以虽然看了好多场戏，始终对于此间的戏曲，还没到入门的程度，只是一知半解，有时竟连一知半解也谈不到。

到了昆明，我们改变了一个方法，请了几位老前辈，每天像上课一样来教我们，这样经过了一个阶段，再去听戏，居然容易接受了。此后我们又进一步把滇戏的组织、调子、形式、技术，分别做了一番统计记录，承滇剧界老前辈像罗香圃、栗成之诸位天天来和我们讲说指导，使我们获益匪浅了。

云南的花灯戏，是一种很丰富的民间艺术，差不多各县都有，而且每一地，有一地方的特殊风格。因为时间关系，我们没能普遍地去访问学习，只把其中最具有代表性的昆明西坝花灯和昆明市文联戏改处联合起来做了一次比较详细的调查，记录了他们所用的剧本，所唱的曲调，本想也记录他们的演技，但后来因为西坝一带有了洪水侵袭的危险，农民们都在昼夜地去防水，我

们的几位老师，自然也没空闲了，因此这一部分工作，只好缓期再做了。

关于各兄弟民族的音乐舞蹈，现在各文艺机构都在进行搜集研究，大家分工合作，所以我们就不去直接采集了。从昆明音协，我们得了一批资料，同时我们随身带有一部分去年在西北所采集的材料，转赠给他们。

我们很感觉到川剧是非常丰富的，是很应该研究学习的，但是我们对川剧的了解实在太不够，要想进一步研究，又苦于摸索不到门径，这件事还要请诸位帮忙，我这里当面向诸位作一个诚恳的请求！

以上拉杂的一说，不过是略略述说一下几月以来，到西南一路上的概况。至于所得的材料所得的感想结论，因为天天忙着吃进，还没容工夫消化，等回京之后，作一整理，再提出向诸位请教。

西南纪行

——西南地区戏曲音乐调查报告书草稿附砚秋批注

前年到西安，曾计划经汉中去往四川，后来因为有事必须回北京一行，结果没能去成。去年又到西北，计划在回来的途中，由兰州转道天水、宝鸡去往成都，又因为全国戏曲工作会议的关系，赶回了北京。虽然是两次都没有去成，可是事前都向西南各方面通信，取得了联系，大家又都有信来欢迎，一再失约很觉得惭愧。因此，在今年开始的时候决心要去西南一趟，一则完成两年的夙愿，二则实践和各方所订的约言，在二月一号和二号两天我们一行一共是十八个人分作两批，取道京汉路南下。

二月三四两天，陆续到达了汉口。在汉口本打算随即转搭轮船往西走，当时还计划着要在春节以前到达重庆。可是，因为武汉各方面，一再的相留，接二连三地停留了十好几天，二月十八才得上船。那时，正是长江枯水时期，船只不能由汉口直接进川，必须在宜昌改换较比小一点的船只，因此，在宜昌换船的时候又被宜昌市各界留下了几天。三月二号我们才到重庆。重庆以后的行程，当时我们有两种计划：一个是由重庆往西行，先到成都，由成都再进入西康，再返回，经由汉中回北京；一个是由重庆往南行，沿川黔滇公路，去往贵阳、昆明，然后原道返回。当然，如果时间允许，我们希望两路都要走到，可是事实上怕不可能，那样日期要耽误得太久了。去年国庆节我们在迪化，深觉得未能在北京参观盛典，是一件憾事，所以今年无论如何也要赶着在九月底以前回到北京。二者既不可得兼，那么是西去好呢？是南去好呢？经过一番考虑，我们舍掉成都而选择了昆明，因为到成都去所得研究的还不过是川剧，到昆明去，可以更多见到滇戏和花灯两种戏剧。这样我们便在四月十八号离开重庆南下了。汽车在路上走了七八天，二十五号到达昆明。在昆明，因为要比较深入地了解一下滇剧和花灯，所以停留的时间较长，一直到八月十三号才起身回重庆。在重庆候船半个多月，九月五号才得动身东下，沿途在宜昌，在武汉，又被阻留了几天，一直到九月二十五号才上得火车，二十七号早晨回到了北京，计算自二月初出去，九月底归来，前后一共用去了八个月的工夫。所走的道路，来回一共七千多公里，比起去年所走的却还不到二分之一了。

在汉口的十几天之中，因为不是有计划的停留，今天三天，明天又续两天，所以对于武汉的地方戏曲，未能作一个有系统的研究，承蒙汉剧界的吴天保先生，楚剧界的沈云陔先生、章炳炎先生，分别把汉剧楚剧详细地介绍给我们，同时又得参观了几次典型演出，这样才很快的对汉剧楚剧，懂得了一点门径。

汉剧和京剧很相似，但仔细分析起来，只是京剧的某一部分和汉剧是同一渊源，有人强调京剧完全是出于汉剧，这是违反实际历史的一种武断的说法。单就渊源相同于汉剧的一部分京剧来讲，彼此各自经过若干时期的发展，相互之间也有了很大的差异。现在举《打渔杀家》一出戏来讲，在汉剧中的萧恩，无论在动作上，在歌唱上，都很苍劲足以表现出这是一个刚毅的劳动人民，在京剧里，萧恩便有几分像似一位老学究了。可是论唱念的音节，动作的姿势，京剧却有汉剧所不能及的美，从这一点来看，便可以知道两者发展的方向，是怎样的不相同了。还有桂英出舱入舱的动作，在汉剧中是比较接近渔船上的现实生活的，她是在舞台上爬来爬去，模仿渔船的狭小和舱篷的低矮，可是在我们看来，觉得这样似乎有考虑的必要，究竟是哪一方面的见解正确呢？很希望大家有一个共同的批判研究，这是我们剧改工作的一个极重要的问题。

楚剧旧名花鼓戏，是流行在民间的一种小戏，早年是曾被横加禁止的，但是一纸禁令，并不能拦住群众的爱好，因此它依然日渐发展，近些年来，已然逐渐进展成很完美的舞台剧了。它的调子不受任何拘束限制，可以任意吸收他人之所长，动作也发展自由，故此它们很快的茂盛起来了。我们见到沈云陔所表演的一出《杀狗劝妻》，很足以代表出楚剧发展的特点。《杀狗》这出戏，差不多各种戏里都有，但表演焦氏，不是一个凶狠的女人，便是像一个女强盗。楚剧这出戏，是从川戏学来，但经过一番变化，表现成一个家庭问题戏，焦氏和她婆婆的冲突，只是一个旧社会里家庭之间的婆媳冲突，这样便不会觉得焦氏使人憎恶，而对旧社会却起了一种反感。像这样的改剧方法，是值得参考研究的。

在宜昌我们见到当地的一种皮影戏，这是流行在荆襄一带的地方形式，一切大致相同于滦州影，但皮人比较大，帽子髯口都是活动的，表演技术也比较花样多，在我们所见的皮影中，这是最完美的一种。唱的调子是上路汉调，比现在武汉流行的中路汉调更有些近似京剧。我们回来经过宜昌的时候，有一副最精美的全箱有意出售，向我们要价才要到五十万，我们本想买下，可是这样便连累现在倚仗这份箱维持生活的三个演员失业了，因此我们暂时没继续商量，等有法子一并解决那三位的生活问题的时候，再去采购也不迟。

四川的民间戏曲形式，属于戏剧类的，有川剧、灯戏、巫师戏、傀儡、皮影等，但在重庆只能见到川剧。川剧是集合七八种戏剧而成的，组织相当沓杂，一向又很少有人整理记述，宗派又多，往往同一出戏，每人和每人各自不同，了解起来，相当困难。灯戏近来少见了，只是有限的几出，还附在川剧里，偶尔演出。巫师戏大多在川南，我们试在重庆设法寻找了一下，始终因为人没有凑齐，没能看到。曲艺方面最流行的是琴书，就是以打洋琴为主的说唱。其次是竹琴，就是各地都有的渔鼓简板，也叫作道情。“连箮”就是霸王鞭打连箱，当地也叫作柳连柳，因为每唱一段，要作“柳柳柳连柳”来接腔。金钱板是用缀有铜钱的两块木板敲打着歌唱。“盘子”是用筷子敲打一个磁盘子而唱的歌曲。“荷叶”是敲打一片铙钹而唱的，很像山东的“武老二”，也多以说唱武松故事为主。外来的戏曲形式也很多，但都不太兴旺，京剧只有厉家班一家。汉剧只有一个五一劳动剧团，在附近村镇上演。越剧一家，营业平常。河南曲子戏一班，只有六七个人在困苦支持。曲艺中，河南坠子倒相当受当地群众欢迎。

云南的地方戏有滇戏、花灯两种，滇剧流行在城市，花灯流行在民间。近二十年来，滇戏连续受到几次摧残，很快的没落了。但是在早年，它是曾经有过光荣的历史的。滇戏的特点，是以细腻见长，同一个剧本，在滇剧里往往更多占个层次几番曲折。滇戏的形式猛看去很像京剧，但仔细看又很多不同。中国戏剧，早年是南北曲，近年多是乱弹。怎样由南北曲变化到乱弹，从文字里找不到记载了，传说也模糊了，但在滇戏中却保存着许多过渡时期的痕迹，我们研究中国戏剧史，研究中国戏曲进化的规律，滇戏的确是一部分重要的资料。

花灯戏的历史，比滇戏更早，但一向多在民间，很少进入都市，它的名字反不大被人们知道。云南各地都有花灯，形式也互有不同，在音乐上也有许多的派别。花灯并不能算是一种戏剧，它的基本特质还是属于一种集体的歌舞，其中有一部渐渐吸收了舞台剧形式，但是反埋没了它的特长。还是农民们自己在农忙空闲的时候凑起一帮人，在庄稼场上，大家联欢鼓舞，那样才见得出花灯的真正风格。以上是大致把我们这次所见的各种戏曲简单地报告一下，关于我们对于每种戏曲的访问研究所得，因为时间的关系现在不能多讲了，以后有机会再向诸位报告，也许写出来作为书面报告。

在各地方和各地的艺人相接触，发现了有很多问题是我们所不曾感觉到的，不曾想到的。这些问题如何解决？我们一时回答不出，现在报告出来，希望大家当作一些值得研究的题目来研究，无论如何，这是对于戏曲改进问题，有很重大很深切的关

系的。

首先要提出的是艺人生活问题。

社会在这次革命的转变中，当然有不少的动荡，因而好多人的生活也都脱离开旧有的方式，而去另寻新的方式。但新旧之间的过渡，并不是三五天的短期，在过渡期中，不免有些人要感受到一时的生活的痛苦。艺人也是如此，我们在大都市里至多只见得到有些艺人的生活在下降，有些艺人的生活在困苦挣扎，但一到外地，看一看各地方戏曲艺人的生活，却又远非困苦挣扎的所能想象了。川剧的演员们很多早晚只能吃两顿稀饭，张德成先生问我说："是不是将来我们要饿饭呢？"据西南负责剧改的同志们讲，一年以后，剧院营业，可望好转，可是一年以内的问题，如何解决，似乎也应该有个适当的办法，至少要维持他们的生活得以够得上最低限度。四川一地是如此，其他地方或不少类此的情形，只怕有的更甚于此，也未可知。在汉口时，有人写信给我们，说在江西河口地方，有一个剧团在流离困苦中，陆续饿死的已将近二分之一。我们写信给邵主席，请求他就近调查急救，并同我们联络，研究帮助办法。可是一直没得以回信，想是信函发生了障碍，事实上确有这么一回事。

所以我们觉得，在剧改工作中，似应该加入必要的救济一项。我们不能坐视许多演员，因为生活问题，影响了他们前进的心情，更不能坐视许多年老学识宏富的艺人在生活困顿中逐渐死去，但是如何救济，却要有一个全国统一性的办法，不要因为各地的互相出入，又引起了许多的枝节。

剧团是宜于轮流在各地上演的，一个剧团，无论叫座力量怎么高，若是总固定在一个地方演唱日子长久了，叫座力量一定会大减退，甚至于没有多少人想看了。现在有许多地方政府，都想掌握住一个固定的剧团，起首营业足以维持，当然没问题，渐渐营业不振，政府方面，也还不惜出一笔经费来支持。至于亏损太大的时候超过了政府可以支持的限度，政府不能不想一想法子。放手是不肯放手？放走了怕没人来补充，增加经费又有困难，只好是没法减低演员的待遇。这样一来，便有好几种误会发生：第一，在艺人方面觉得这是政府方面一个固定的计划，俗语所谓“骗鸟入笼”，不免对领导人员失却了信心，貌合神离，在工作上趋于敷衍了事，结果工作便日更低落了，营业额更不会抬头了。第二，艺人时有各地的往来，彼此相见所谓“人不亲艺亲”，哪怕素不相识，一经提名道姓，便会马上成为自己人，各地的情形，便互相交换知道了。假使一个地方有上述的情形，很快便四处全都知道，大家视如畏途，怕也钻进笼子出不来，没人敢再走这码头，结果变成死码头了。这对于戏剧工作流转上很是一个阻碍。我觉得各地方政府，如果当地条件不够，倒不必一定去贪图掌握剧团，拿这笔钱去辅导剧团的流转，似乎更使工作切实一些。比如一个剧团到一个地方去出演，偶然因为特殊原因，营业赔多了，应该帮助他们能走开才好。哪怕运用贷款的方式都可以。这样使剧团对于这地方，没有搁浅的恐慌，敢于前来，自然这地方的戏剧事业便兴旺了。即使可能掌握一个剧团，也要设法让它活动周转才好。宜昌、昆明皆有这样的情形。

附带说一说晚会问题。关于演唱晚会，在许多的政府人员心目中，总觉得艺人演一次晚会，除了体力多劳动几小时，又有

什么损失呢？因此许多晚会，演员们多是没有代价的，至多是由约请的方面，请一次客完了，可是全体出演的人，又不能全被邀请。在艺人方面感觉是完全相反的，虽然说体力劳动没有像货物一样，有成本问题在内，但演了戏而得不到报酬，他总觉得像是赔了本——实际上也不能说是完全没有赔本，例如化妆品的消耗，服装的折旧，往来的搬运费车资。再深入一步说，演戏之后，传统习惯性的慰安，沏一杯好茶，吃点精致的点心，抽两支比较价值高的香烟，这都是这次演出的消耗支出，可是一般主持晚会的负责人，是不大能了解到这些的。至于请吃一次饭，多半是在演戏之前，被请的多是主要角色，但主要角色大半在演戏之前很少吃东西。这场宴会是多余了。那些未被请的角色，不免感觉到对方看他们和主角之间，还有阶级之分，影响他们之间的团结情绪，这真是费力不讨好了。我感觉到关于晚会办法，似该有一个全国原则性的规定，像东北和西北的包场制，很可以做一个参考。必不得已要打破这个界限，也应该规定一个合理计算方法，并且约请晚会的主人，还要有一个限制，不要是一个机关，随便找一个题目，便来一场晚会。在西南有一个演员对我们说，某次他们给医务工作者演了一次晚会，散场之后，忽然得了暴病，送到医院去检查情形，必须住院，但是要预交住院医药各费若干，一时凑不齐，竟被拒绝收容了。他觉得这是很不满意的，为什么我们可以义务，他们甚至稍为通融都不行呢？当时真使我们难对他回答了。还有捐税问题。现在戏票的娱乐捐，各地都是委托戏院方面代征，事实上不这样办也是不可能，但税局方面既然委托戏院方面代劳，多少似乎应该有点承情的意思才对。虽然不一定要付手续费，两句慰劳的话，也总不妨说一说，两下融洽的合作，工作不是更容易搞好么？可是有些地方戏院对捐税局还是战战兢兢，税局对于戏院依然耀武扬威，尤其是查票时候简直是好像捉贼。可是被捉的对象，不是漏税的人，却是演员和戏院，因为查出漏税的人是要处罚戏院的，更特别的是上座不好的戏院，很少前来查票，上座好的戏院，查票的人却超过规定额好多倍。去年有次我们在某地演戏，当地税局共有四十七个人负责到戏院来了。四十六位这似乎都应该提出意见的。今年在昆明，有一家戏院后台有一个人到账房去联络事情，经过前台，被税局人员一把拖住，硬按漏税办理，处罚戏院以税额几千倍的罚金，这未免太不近人情了。还有各机关人员去看戏，往往可以由戏票处索取免费票，可是戏院尽管不收费，税局却不承认，只好由戏院前后台双方赔出税额了事，像这样种种，也是应该提出纠正的。还有征税方法，现在是按票价加百分之若干，这在上座好的时候，不感觉到什么，上座不好的剧团，深感觉到似乎捐税是夺去了他们一部分生活费。当然这想法不正确，不过我们不妨因此提议一个变通办法，一方面照顾到一些困苦艺人的生活，一方面不影响国家税收。比方采用累进制，在娱乐税照加百分之三十的地方，凡售票不足两百张的，不计税，两百至四百按百分之二十，四百至六百按原定计算，六百以上按百分之四十计算，是不是绝对不可采纳呢？希望建议到税收机关研究一下。例如：这次昆明唐韵声演出。

还有关于运输的问题。现时铁路方面，对于戏箱的托运，要按四级货物收费，因此，剧团行动，负担相当繁重，戏箱是否应该按货物计算？在艺人方面都感觉到似乎不大妥当，因为这究竟不是出售的货品，如果说，既然用以生财，便应该按货物计算，可是铁路方面怕不这样严格吧！是否对类此的情形也同样办理呢？艺人若在行李箱中带一顶巾子、一条鸾带便在此例，便要加若干倍处罚，可是商人行李中有一个算盘，工人行李中有一把斧子、刨子便不在此例，是否有所偏差？艺人们都建议铁路方面，仔细研究一下，解释一下，如果可能最好修改一下。艺人们多感觉到铁路方面对于艺人是另眼相看，可能这是个误会，但这种误会是有历史上的原因的，希望大家把这一层历史上的原因抹了去。记得去年由西安回北京时东车站对于旅客手拿的皮箱过磅，凭他说超过多少，罚八十万，自动减少二十万，不然应罚。

第二，人才问题。提到人才问题，大家多想到是人才的培植问题，人才的培植问题固然重要，但人才的整顿，人才的搜集、分配，同样也很重要。

训练新人才，少不得要有良好的教师，但目前究竟有多少良好的师资？每人的特长在哪里？都应该先有一番统一的调查鉴定，然后按各方面的需要，予以合理的介绍分配，不要甲方拥有好多个老生教师，却缺乏鼓板教师，乙方有好多个鼓板教师，却找不到老生教师，怎样使各方面都能用得其人，而每个人各得其用，才是一个有组织的计算，工作上才能收最高的效果。

还有关于现有的人才，似不应该任其停留在现在的水平上，如果可能使其深造，也很应该使他们得到一个深造的机会，也许现在一个不过四十分的人才，经过深造会进步得到八十分，一百分。所以我建议在现在各学校之外，再设法创立一种研究班，专为求深造者研求进步。

关于现有的人才，也应该有一个统一的调查和分配。有些公家支持的剧团，常常有某种人才不足和某种人才过多的现象，互相通融一下，不是都好了么？可是大家往往不屑这样做。还有从另外的团体向外挖人的事情，不惜用较高的报酬，动摇一个人脱离本来的团体而参加自己的团体，只顾自己团体有利了，却不顾损害其他的团体。这种风气万不可长，长了起来，后果一定是很坏的，你会挖，我也挖，挖来挖去，只是给被挖的人造成增加收入的机会，可是害得他们没了组织观念，同时各团体之间也影响了团结合作的精神。

关于教学问题，也有些需要深刻研究的。过去的方法，不科学，不人道，是应该改正的，但是单从表面上改正，而不求其效果，也还是错误的。比如过去用体罚来督催学生，现在感觉到体罚是不人道了。可是怎样不用体罚而收到“最低也和用体罚一样”的效果呢？是要我们研究发明的。去年在青海，某文工团有位教师说，现在教学生不能打了，可也管不了了，有时我纠正他的错误，他反批评我态度不对，因此只好由他们去吧，爱学成什么样子，便学成什么样子！这当然是不对的，可是有好些方面都大踏步向这错误路上走了。如果不早想法子，真要不堪设想了。我建议要设立一个教学研究组，集合各方高明，大家研究一套新的教学方法，怎样收最高的效果，大家怎样做去。

第三，关于剧本问题。无论一个修改的剧本，或是一个创作的剧本，不见得一脱稿便可成为定稿，总是要经过若干次的删改的。但删改要根据什么呢？一则是自己的深思考虑，二则是外来的批评，但有些批评，似乎太缥缈不着实际了，只是用些空洞的名词，模棱两可的成语，使被批评的人往往摸不着头脑，这容易造成互相攻击的风气，对于新戏曲工作是很不利的。所以我建议，大家发起一个“建设批评”运动，凡是批评必须要带建设性的，你说这样不好，但是怎样才好，必须设计一个实际的方案，号召各报纸刊物，一齐协助，凡不属于建设性的批评文字，一概不予发表，这是不是一个正确的意见？希望大家讨论。

最近各方面对于历史剧，似乎太钻进考据方式去了。旧日的历史戏，只是使观众感觉到这时是古时而不是现在就够了，所以很容易使大众了解，如果一定要走考据的路子，恐怕反要收相反的效果，比如戏里边的校尉，大家知道这是一群特务腿子，就够了。其实这只是明朝的名称，像《黄金台》里，伊戾也带着几名校尉，按考据来讲，这是错了，可是一定要用当时战国时候的名称，也许反使观众茫然。例如秦国的左右庶长，楚国的令尹，确是当时实际的官名了，可是我们在戏剧里，还是一律称丞相宰相为相宜。服装道具也是如此，宋以前席地而坐，没有椅子，难道演宋以前的故事，都要去掉椅子吗？古人语言和近代不同，难道我们演唐朝故事，要根据唐韵吗？事实上的真实和艺术上的真实是要分开的。我们何必自寻苦恼去钻无所谓的牛角呢？

第四，关于艺人学习问题。我感觉到艺人学习，还要尽量普遍，不要侧重大都市，乡村的艺人，更是紧要。一个新的作品，表演出来，如果演员的政治水平不够，即使原作品内容如何好，他也会把他表演糟了（音乐家故事）。还有一位演员讲说一段破除迷信的故事，讲得还不错，末了他对听众说，现在我们破除了迷信，那些神神鬼鬼的东西再不来欺侮我们了，这不都是毛主席的保佑么？像这些笑话都是演员学习不够所造成的，今后对于艺人学习，是要更有一套精密计划的。

在宜昌，一个曲艺演员问我们，像赴朝慰问团，我们是不是也有机会参加呢？当时虽然安慰他说有，但是事实上还没有照顾到他们，宜昌是一个市，尚且如此，其他较小的地方，恐怕一时更照顾不到。这也许是我们工作上的疏漏，所以我提出作一个参考，这对于艺人学习，是很有关系的。

各地方多有艺人讲习班的组织，但时间和方法上，常常有因为不太了解艺人的生活和心理，而弄出相反的效果。每天上午的时间，对于艺人是一个非常重要的时间，遵守规律的艺人，对于每天早起的练功夫，看得非常重要，历来相传，早晨的功夫如果间断一天，便要十天才找得回来，间断十天，要半年才找得回来，可见对于这件事是怎样重要了。现在各方面组织艺人训练班，时间多半是放在上午，当然日夜两场都演出的艺人只有上午才比较得闲——可是这样，就很妨害了他们早功的时间，我觉得这有照顾到艺人生活习惯的必要，学习时间，要尽量设法避免开早功的时间才是。还有关于艺人的学习问题，究竟应该归哪一个部门领导，文联戏改会有讲习班，同时工会方面也号召参加，两下一争持，弄得艺人不知向哪方面去好了。尤其是有大游行的日子，参加任何一方面都是在另外一方面犯了错误，只好分包赶角，结果一塌糊涂。还有学习材料的选择讲解，对于旧的艺人，似乎也应该设法结合他们所熟知的故事，引证比较的来解释。既有兴趣又容易领会，单是死讲书本文件，总不免讲的在讲听的在打瞌睡，把事情变成一种例行公事，这是不大好的。还有对于艺人学习的鼓励，固然是必要的，但奖励一定要收到奖励的效果，才可以采用奖励的方法，否则算着平淡的过去，反生意外的结果。昆明第一期艺人讲习班毕业的时候，由每组自行评定，选出本组的模范，然后结合起来，再由其中评选共同的模范。可是各组评分的水准，高低不太平衡。共同的模范选出之后，有些组的组员，认为某某几位模范，还远不如本组里未被选上的够资格。于是大家情绪纷乱了，竟至于对全部的共同模范起了普遍的反感，因此戴上了红花的人，被群众遗弃了，成了孤立状态，不是被讥笑，便是没有人理。选举模范原是为使这几个模范起带头作用，这样以后大家惧怕了当模范，谁还去积极学习呢？

第五，关于团结问题。要搞好戏曲改进工作，必须先使所有的戏曲工作者，互相团结起来。可是谈到团结，并不是一件简单工作。我们在各地所体验到的戏剧和曲艺之间，有时就有一道很深的沟渠，同是戏剧或曲艺，又有种类的界限，同属一个种类，又有系统派别的划分。同在一个系统派别之中，内行和外行之间，观点见解又是两样。凡这种种对于团结都是很深的障碍。怎样消除这些障碍？必须要领导和干部在其间负起调和的责任。可是干部的立场呢？准能丝毫没有偏重么？即使丝毫没有偏重，准能丝毫不被人误解有偏重么？所以我觉得去年全国戏工会议之后，各方面的工作人员，似又缺乏了紧密的联系，我们应该快些组织一个通讯网，随时交流彼此的经验，好快些增进各方的领导力量。

第六，艺人范围问题。广义地说起来凡是从事戏曲演出工作的，都应该算作戏曲艺人，但有时竟会遇到难于解释的问题。在宜昌有一个前进剧团向我们诉说他们的苦痛。这剧团的演员，旧日全是清唱的歌女，当年他们的观众，都是一些意不在酒的醉翁。如今这些醉翁，淘汰的淘汰，改造的改造。虽然他们极力从清唱改变到彩唱，可是旧的观众基础不存在了，新的观众一时又抓不住，所以景况很是凄惨。他们想参加艺人学习，但是艺人们对他们存在着某种观念，拒绝他们参加。他们感觉到前途渺茫，向我们打听，应该怎么样走，才是正路？我们一时没敢贸然答复他们，可是我们很觉得这是一个重要问题。全国各都市这样情形的很多，任他们去从事戏曲工作，大多数恐怕是少有出路，不让他们从事戏曲工作，怎样指引他们一条出路呢？听说有些人，努力了一程，又被生活逼回到黑暗角落里去了！这不但是戏改工作里的一个问题，也更是一个严重的社会问题。

第七，关于地方戏曲问题。一千年以来，戏曲在各地方蔓延发展，演变出很多不同的形式。近些年由于农村经济的衰落，有些形式是断绝了，有些形式是衰微了。据去年戏改局的调查，还存有将近二百种之多。这些形式以往大多是流传在民间的，偶然走进都市，人们看着有些不习惯，便觉得没有什么保存价值，不受到重视。自从毛主席指出“百花齐放”的方针，各方面的观念，逐渐改变过来，可是怎样去保存？去改进？去发扬？现在还缺乏一个有计划的切实方案。一种戏曲的存在，完全要靠着群众的爱好和拥护，所以我们对于一种戏曲的保存，改进发扬，第一先要使它的观众基础健全起来。有些地方，知道了如何尊重和爱护地方形式，但是忽略了怎样使它恢复群众基础。结果像一枝花插在花瓶里，虽然可以开放一时，但不会永久存在的。例如昆明的玉溪花灯，原来这是玉溪一带农村中所生长出来的，但进入昆明市以后，逐渐为迎合市民爱好而变质了，结果做了市民的尾巴，再回到农村去演出，农民们都看不下去了，失败而归。这件事情可以给我们一个教训，地方戏应该如何处理？我们第一步先要帮助他们找回原有的群众，然后再去改进发展，便不会失败了。关在都市里闭门造车，不是一条正确的路线。

第八，剧场问题。一个时代要有一个时代的戏曲，一个时代也要有一个时代的剧场。现在各地所有的剧场，多半还是旧时代所建造的。过去的一般剧场，大多容量在千人左右，因而剧团计算他们的营业，多是以一千张票价做标准。而今的票价，因为力趋大众化而适当地降低，剧团的收入，便和支出失去了平衡，即或勉可维持，却难扩张发展了。但另外一种情形，是观众增加多了，如果把剧场的容量增大，一方面适合了观众的需要，一方面也解决了剧团的经济问题。一九五〇年初，在西安的时候，曾建议他们建造一个至少可容五千人的剧场，初步先造成露天剧场，慢慢再加顶子，可惜因为经费关系没能实行。今年武汉市方面，在汉口解放路中山公园里建造了一个人民会堂，很近似西安的计划。是一个露天剧场，第一步在设计加盖顶子，现时可以容四千八百人，挤一挤可到一万人。这样的大型剧场，希望各方做一个参考。

关于建造剧场，我觉得这是戏曲发展工作中的一个当先工作，最好由各地方政府担任起来，尽先筹划款子，解决这问题。我们所到之处，没一个地方不感觉到剧场荒。重庆本来剧场不够用，今年夏天一连有两个剧场在建筑上发生了危险不能使用了。昆明市大多利用茶社作彩排。记得去年往西北，沿途各地像洛阳，像西安，都很缺乏适用的剧场，大多是大席棚，一下雨就得停演。今年到宜昌，曲艺演员们对我们谈，当地没有曲艺演出场所，大家多半是在马路旁边撂地，仅有一小部分可以进入茶馆，最近公安部门整顿交通，大家失业了，有的已经饿了两三天。我们扶助了一笔钱，帮他们成立了一个小型剧场，但是很简陋不能解决永久问题的。因此深感觉到剧场问题的严重，希望政府对这问题重视，希望建筑专家多帮忙设计经济而合用的建造方式。这对于地方上繁荣市面增加税收都有好多帮助，据周信芳说上海市解放以前戏剧税收居第一位，解放后还居三四位以上。

第九，兄弟民族文艺问题。最近一两年来，大家对于兄弟民族文艺，空前未有地注意了。各方面多进行了研究学习的工作。但是我感觉到，像这样一件重要工作，大家应该有一个统一的计划去做。现在的情形，有些像是各自为政，可能大家的工作很多重复，也可能有些大家应该做的工作都忽略了。假使先有完整的计划，各方面分工做去，不但周密，成绩一定还很快很多。还有我们对于兄弟民族的文艺工作，不应该侧重在学习搬运，应该多注重去培养他们本民族的文艺工作者，起来担任工作。当我们学习了各民族的歌曲舞蹈，而作介绍表演时，应该先做一番审慎的批判研究，不要当作新奇来好玩，因为有些歌曲舞蹈，是他们绝对不能在大庭广众之间露演的。我们演出了，使他们看了听了觉得难堪，觉得我们是在讥讽他们，会引起不良的后果的。偶然（昆明中央访问团表演内有幕鹭鸶舞，由艺术学院把西方舞蹈加入，看了之后，他说以前的表演都不对，只有这一个可以代表他们的）我们和一位兄弟民族的同胞谈起，了解了这样一件事，愿把我们所得到的介绍给大家。

杂乱的说了好多，很多不健全不正确的见解，希望诸位多给批评，多加指正。今天耽误了诸位不少的时间，还请原谅。

（一九五一年二月一日至九月二十七日）